图书馆文献资源建设与服务创新研究

顾 洁　周文学　庞 彦　阿嘎尔　刘航希　主编

汕頭大學出版社

图书在版编目（CIP）数据

图书馆文献资源建设与服务创新研究 / 顾洁等主编. -- 汕头：汕头大学出版社，2023.12
ISBN 978-7-5658-5209-1

Ⅰ.①图… Ⅱ.①顾… Ⅲ.①图书馆－文献资源建设－研究②图书馆服务－研究 Ⅳ.①G25

中国国家版本馆CIP数据核字（2024）第004145号

图书馆文献资源建设与服务创新研究
TUSHUGUAN WENXIAN ZIYUAN JIANSHE YU FUWU CHUANGXIN YANJIU

主　　编：	顾　洁　周文学　庞　彦　阿嘎尔　刘航希
责任编辑：	陈　莹
责任技编：	黄东生
封面设计：	皓　月
出版发行：	汕头大学出版社
	广东省汕头市大学路243号汕头大学校园内　邮政编码：515063
电　　话：	0754-82904613
印　　刷：	廊坊市海涛印刷有限公司
开　　本：	710mm×1000mm　1/16
印　　张：	12.75
字　　数：	207千字
版　　次：	2023年12月第1版
印　　次：	2024年1月第1次印刷
定　　价：	68.00元

ISBN 978-7-5658-5209-1

版权所有，翻版必究

如发现印装质量问题，请与承印厂联系退换

前　言

图书馆具有文化遗产保护、社会教育、馆藏资源开发和信息传播的重要功能，它是一个机构的文献信息中心，能够为科研工作提供全面、科学的信息支持。在信息时代，图书馆作为重要的文献资源收藏和知识服务中心，面临着巨大的挑战和机遇。

为了更好地满足读者的需求，笔者书写《图书馆文献资源建设和服务创新研究》一书，旨在为图书馆事业的转型和发展提供理论支持和实践指导。本书首先从文献资源的界定、类型及其重要性，详细阐述了图书馆在信息时代应如何进行资源建设。书中深入分析传统文献资源的管理，包括选择、分类、编目和加工等环节，并进一步探讨数字资源的建设与管理原则及流程。特色资源建设部分则聚焦于特色资源的概述、类型及存在问题与策略。随后，本书还对图书馆文献资源的检索与利用、图书馆文献资源的共建共享进行了探讨。本书进一步深入探讨图书馆服务的内涵与特点、原则与标准、理念及方式以及现代图书馆服务的转型。最后，对图书馆服务内容的多元化进行探索，包括知识服务工作、读者服务工作、参考咨询服务工作以及个性化服务工作等方面。

全书结构严谨，内容翔实，通俗易懂，是一本值得学习研究的著作。希望本书能够为图书馆工作人员、情报学研究人员以及相关领域的学者提供有益的参考和启示，为推动图书馆事业的发展贡献力量。

本书是近年来内蒙古工业大学图书馆专业技术人员进行文献资源建设并潜心研究的阶段性成果。全书由顾洁策划，内容框架设计由顾洁、周文学共同完成，顾洁统稿。其中第一章、第三章由顾洁撰写，第二章由庞彦撰写，第四章由阿嘎尔撰写，第五章、第六章由周文学撰写，第七章由刘航希撰写。

本书的书写得到了许多专家学者的帮助和指导，在此表示诚挚的谢意。由于笔者水平有限，加之时间仓促，书中所涉及的内容难免有疏漏与不够严谨之处，希望各位读者多提宝贵意见，以待进一步修改，使之更加完善。

本书是在内蒙古自治区直属高校基本科研项目（项目编号：JY20230120和JY20230021）以及教育部产学合作协同育人项目（项目编号：220803260164529）的资助下完成的，在此一并表示感谢。

目　录

第一章　绪论 ·· 001
第一节　文献与文献资源的界定 ··· 001
第二节　图书馆文献资源的常见类型 ··································· 008
第三节　图书馆文献资源建设的重要性 ······························· 014
第四节　信息时代图书馆文献资源建设探讨 ························· 016

第二章　图书馆文献资源建设与管理 ·· 020
第一节　图书馆文献资源的选择与采访 ······························· 020
第二节　图书馆文献资源的分类与标引 ······························· 028
第三节　图书馆文献编目工作及其优化 ······························· 035
第四节　图书馆文献资源的加工与管理 ······························· 048

第三章　图书馆数字资源建设与管理 ·· 063
第一节　图书馆数字资源建设概述 ······································ 063
第二节　图书馆数字资源建设原则 ······································ 065
第三节　图书馆数字资源建设流程 ······································ 072
第四节　图书馆数字资源管理与维护 ··································· 078

第四章　图书馆特色资源建设 ··· 085
第一节　图书馆特色资源概述 ··· 085
第二节　图书馆特色资源类型 ··· 088
第三节　图书馆特色资源建设存在问题及策略 ····················· 091

第五章　图书馆文献资源的共建共享研究 ································· 099
第一节　图书馆文献资源共建共享的意义 ···························· 099

第二节　图书馆文献资源共建共享的内容 …………………… 101
　　第三节　图书馆文献资源共建共享的模式 …………………… 104
　　第四节　图书馆文献合作采集与资源共享合作 ……………… 114

第六章　图书馆服务理论及转型思考 ………………………………… 119
　　第一节　图书馆服务的内涵与特点 …………………………… 119
　　第二节　图书馆服务的原则与标准 …………………………… 122
　　第三节　图书馆服务的理念及方式 …………………………… 127
　　第四节　现代图书馆服务的转型思考 ………………………… 135

第七章　图书馆服务内容的多元化探索 ……………………………… 148
　　第一节　图书馆知识服务工作 ………………………………… 148
　　第二节　图书馆读者服务工作 ………………………………… 159
　　第三节　图书馆参考咨询服务工作 …………………………… 162
　　第四节　图书馆个性化服务工作 ……………………………… 178

参考文献 ………………………………………………………………… 196

第一章 绪论

第一节 文献与文献资源的界定

一、文献的界定
（一）文献的概念理解

文献的概念是随着历史的发展而变化的。孔子《论语·八佾》最早提出"文献"一词："夏礼，吾能言之，杞不足征也；殷礼，吾能言之，宋不足征也。文献不足故也，足则吾能征之矣。"这段的意思是孔子说，"夏朝的礼，我能说得出来，但是夏朝后裔的封地——杞国那个地方所保留的文献不足以征信了。殷商的礼，我能说得出来，但是商朝后裔的封地——宋国那个地方所保留的文献不足以征信了。之所以不足征信，是因为文献保存得不足，如果文献足够了，我就能证明我所说的两朝的礼是正确的，并使人们相信"。对于孔子所说的文献，宋代的朱熹在《四书章句集注》中注释为："文，典籍也，献，贤也。"典籍是指有关典章制度的文字资料，而献同贤，指见多识广、满腹经纶的贤人。这说明古人研究历史，不仅要依靠书本文字记载的资料，还要借助那些贤人口耳相传。所以那时的"文献"一词包含着"典籍"和"贤人"两方面的含义。

后来，"文献"一词的概念发生了较大的变化。元代马端临在《文献通考》总序中对"文献"做了比较具体的注释。他认为，凡经史、会要、百家传记藏书，信而有证者，谓之文；凡臣僚之奏疏、诸儒之评论、名流之燕谈、稗官之记录等，一话一言可以订典故之得失，证史传之是非者，则采而录之，为之献。可见，随着人类记录知识手段的发展进步，书籍文章的增多，"文献"一词偏向于"文"，逐渐演变为专指那些具有历史价值的文章和图书，而"贤"的含义逐渐消失。

随着科技的飞速发展，新的知识持续产生，知识信息记录的载体及方式也大量涌现和被发明，导致文献概念的范围不断扩大。中华人民共和国国家标准化管理委员会1983年7月2日公布的国家标准《文献著录总则》给文献下的定义是："文献，记录有知识的一切载体。"1997年11月，国际标准化组织颁布的国际标准对文献概念重新予以界定，提出文献是"在文件处理过程中，不论其物理形式和特征，可作为一个单元处理的被记录的信息"。可见文献是用文字、图形、符号、音频、视频等技术手段记录人类知识的一种载体，或者是固化在一定物质载体上的知识。它不仅包括各种图书和期刊，还包括会议文献、科技报告、专利文献、学位论文、科技档案等各种类型的出版物，甚至包括用声音、图像以及其他手段记录知识的全部现代出版物。文献是记录、积累、传播和继承知识的最有效手段，是人类社会活动中获取情报的最基本、最主要的方式，也是交流传播情报的最基本手段。

（二）文献的构成要素

文献的基本构成要素包括四个方面：文献记录的知识和信息内容、记录载体、记录符号和记录手段。任何文献无论其形式如何，都必然包含这四个基本要素。

1. 知识和信息内容

知识和信息是文献记录的内容，记录人类在生产生活和科学创造等活动中获得的信息和知识，这是文献存在的主要职能。随着人类社会和科学技术的发展，文献所记载的知识信息内容不断扩大和深化。

2. 记录载体

最早的文献载体有龟甲兽骨、石头、木头、纸草、羊皮等天然材料，之后过渡到陶器、玉器、泥板、青铜、铁、竹木简、缣帛直到纸张等形态，现在则更发展到胶卷、胶片、磁带等电、磁介质，以及计算机磁盘、光盘、网络空间等。在这个历史进程中，文献载体材料从天然物发展到人造物，由笨重发展到轻便，由昂贵发展到廉价，由实体材料发展为虚拟材料，从而更易为公众获得和使用。

3. 记录符号

早期文献的记录符号主要有图画、符号、象形文字，以后又发展出字母文字。在纸本书时代，记录符号主要是文字、图形、符号；自从唱片、电影、录音、录像等音像资料发明后，记录符号又有了模拟的声音和图像信息；计算机及网络信息则是采用0、1数字编码符号来记录文献信息内容。

4. 记录手段

记录手段指信息符号所代表的信息内容被存储到载体材料上的方式。早期文献是用机械手段（如铭、镂、捶、拓、书写、雕刻、打字、印刷等）将信息记录在文献载体上；照相技术发明后，人们采用化学方法生产照片、缩微胶片、缩微平片等；录音、录像采用电、磁技术作为记录手段；静电复印技术采用光电技术；计算机可读文献信息综合了电、磁、光技术作为文献的记录手段。

二、文献资源的界定

（一）文献资源的基本含义

资源，一般指天然资源。文献资源是区别于天然资源的一种社会智力资源，是物化了的知识财富，是人们迄今为止收集、积累、贮存的文献资料的总和。文献资源作为一种宝贵的智力资源和信息资源，同水资源、矿产资源等自然资源一样，是人类文明发展必不可少的条件。一个国家文献资源的贫富及其存取水平的高低，是衡量该国文明水准和综合国力的重要标准。文献资源的开发、利用程度直接影响社会的发展与进步。由于历史、经济、文化等方面的影响，不同国家的文献资源贫富不均，同一个国家不同地区的文献资源亦不均衡。一般情况下，发达国家和地区的文献资源比较丰富，经济、文化、科学技术比较落后的国家和地区，其文献资源也相对贫乏。

文献资源是人类社会发展的产物。人类在改造自然界和社会的实践活动中，获得来自客观世界的各种信息，这些信息经过人脑的提炼和加工，逐渐转化为知识。知识对人类社会的发展有着不可估量的作用。这是因为知识一旦形成，并与劳动者结合起来，就可从潜在的生产力转化为现实的生产力，创造日益丰富的社会物质财富，从而推动人类社会的进步和发展。因此，知识是人类社会发展的驱动力。资源，主要指生产资料和生活资料的自然来源，人类通过发现、开发和利用自然资源，不断创造物质财富，获得衣、食、住、行等方面的物质材料，使人类族群得以繁衍生息，使社会不断发展。知识也能为人类创造物质财富，并成为人类社会发展的驱动力，所以知识也是一种资源，是一种智力资源，但知识必须依赖一定的物质载体才能存在。

在人类社会早期，人类是通过大脑来存贮和传播知识的，由于各种生理因素的制约，知识难以在广阔的空间和持续的时间内积累和传播。随着社会生产力的发展，人类打破了自身的束缚，将知识转化为一些有规律的信息符号并在人体以外找到了新的物质载体，这种新的物质载体就是文献。显然，文献当中就蕴藏着人类创造的智力资源。在人类社会的历史长河中，随着数量的不断增加和负载知识功能的不断加强，文献积累、存贮了人类的所有知识，成为人类知识的"宝藏"。同时，人类在改造自然界和社会的过程中，不断开发和利用知识"宝藏"，借鉴前人的经验和同代人的成果，不断创造物质财富，促进了社会的进步发展。由此可见，文献已经成为人类社会发展不可缺少的资源。文献积累、存贮的过程，也就是文献资源积累、存贮知识的过程。文献积累的知识越多，延续的时间越长，文献资源也就越丰富。从这个意义上说，文献资源是迄今为止积累、存贮的知识的集合。

（二）文献资源的重要作用

人类对文献资源重要作用的认识是随着社会的发展而不断深化的。在生产力低下、科学技术落后的古代社会，人类不可能从"资源"的角度认识文献。因此，人类对文献资源的作用也就无从认识。即使到了现代，人类也更多地将文献划归为意识形态的范畴，对文献资源作用的认识处于朦胧阶段。在科学技术成为第一生产力和信息时代到来的今天，人们才深刻认识到文献资源的重要作用。

第一，在社会进步中的继承、发展与创新作用。文献资源是人类认识自然、改造自然的智慧结晶。在社会发展中，文献资源具有继承、发展、创新的作用，为后人所借鉴和采用。文献资源最突出的特性体现在两方面，即继承性和利用性。人们通过借鉴、利用和实践，再生出新的知识和成果，为文献资源增加新的内容。人类认识的发展是无限的，理论的真理性只是相对的。理论与事实之间的矛盾总是存在的，后人借助前人留下的文献资源，承前启后，继往开来，使人类社会不断进步与发展。

第二，在科学研究中的借鉴与促进作用。文献资源是科学研究的基础、向导和前提。科技人员要进行有价值的科学研究，必须全面获取相关文献信息，及时了解各学科发展的现状、存在的问题，从中确定自己的研究起点和创新目标。实践证明，科技人员拥有大量的科技文献信息作支撑，可以大大降低创新风险，防止低水平重复，选择正确的主攻方向，取得原创性成果。

第三，在学科之间的交叉与渗透作用。文献资源来自各个方面，覆盖各个学科。同时，文献资源的交流打破了时空、区域、学科的界限。特别是自动化、数字化、网络化等现代技术的发展，使文献资源的传播更及时、更广泛，使文献信息的交流在纵向上延续，在横向上扩散，从而达到社会共享的目的。这种文献信息的共享，使人们对各学科的文献资源了解得更广泛，从中相互借鉴，促进了各学科之间的交叉与渗透。

第四，在知识更新与终身教育中的长效作用。文献资源在社会教育职能方面表现尤为突出，成为公民终身学习的重要资源。尤其在当今瞬息万变的时代，知识更新的周期在缩短，"一次性学习"时代已告终结，学历教育已被终身教育所取代。文献资源已成为人类科学知识普及、宣传、利用的载体，是知识更新、终身教育的重要资源。

第五，在科学决策中的参考作用。文献资源是科学决策的重要依据。我们要想在决策中获得真实、详尽的资料，就必须掌握大量的国内外文献资源，运用正确的方法进行分析和筛选，从中发现对决策有参考价值的信息资源。文献资源的获取、分析有助于人们对决策形成统一认识，有助于避免重复劳动，有助于启发思维，有助于减少决策中的失误。

第六，在市场竞争中的"耳目、参谋"作用。网络信息时代，国际市场竞争激烈，文献信息对各行各业的竞争、生存与发展起到了重要作用。"竞争情报"的产生是市场经济发展的必然结果，同时也是文献信息研究与利用的延伸、拓展。世界各国对竞争情报的搜集和利用尤为重视，成立了相应的机构，通过合法的手段帮助企业更好地掌握竞争对手的信息，从而达到"知己知彼"的目的。

第七，在科研成果转化中的桥梁作用。科学研究的目的是应用。科研成果与产业化存在相互脱节的现象。科研成果得不到有效应用，而企业又急需使用新技术。我们要改变这种局面，就必须使文献资源的交流发挥更大作用。用户通过网络可以了解到大量的新技术、新工艺、新产品等信息，使文献资源在科研成果转化中发挥桥梁作用。

第八，在精神文明建设中的指导引领作用。丰富的文献资源中蕴藏着充足的精神食粮，人们可以通过文献资源中的知识和文化精华陶冶情操，提高文化素质和道德水平，促进社会的精神文明建设。一个国家精神文明建设的程度，直接反映着一个国家的社会发展水平。同时，精神文明建设搞好了，能直接促进社会的物质文明建设。由此可见，在现代社会中，文献资源对社会的发展起着不可估量的作用。

（三）文献资源的主要特点

1. 再生性

文献资源不像自然资源（如煤、石油等）那样随着开发和利用而逐渐枯竭，它具有再生性，可以反复地使用。这是因为人类对文献资源开发利用程度的提高，会促进知识的增殖，增加文献数量，提高文献质量，从而进一步丰富文献资源。人类社会越向前发展，文献资源便会越丰富。可以说文献资源是取之不尽、用之不竭的再生性宝贵资源。将来人们关心的不是文献资源枯竭的问题，而是要解决因文献数量剧增而带来的文献资源冗杂等问题。

2. 积累性

文献资源的贫富不是先天固有的，而是后天不断积累的结果。丰富的文献资源离不开历史上各个时期保存下来的各类文献的积累，它是古代私人藏书家、官方藏书楼、近现代图书馆、各类文献收藏机构保存下来的人类文明的集合。

3. 冗余性

文献资源并非各种文献简单地相加，相反，庞杂、雷同的文献堆积不仅不会增加文献信息内容的含量，还难以形成体系完备、功能良好的文献资源系统。文献资源建设的具体任务之一就是要把那些重复、交叉，甚至过时无用的文献剔除，否则就有可能造成文献信息通道的阻塞，给用户使用文献资源带来困难。

4. 可建性

自然资源是天然的、先于人类的客观存在，而文献资源是人类创造的一种知识智力资源。它的生产和分布是一种客观现象，但也受制于人类的主观能动性，受到社会政治、经济、文化因素的制约。因此，人们可以通过文献资源建设，采取选择、组织、布局等手段，改造和优化冗杂的文献资源，使文献资源处于有序分布的状态，帮助人们有目的地开发利用文献资源。

5. 效益性

文献资源的效益性特点表现在时间性和潜在性两个方面。

（1）时间性。自然资源只有被开发，才能产生效益，但对它的开发一般不受时间的限制。如对地下矿藏的开发，早开发或晚开发都不会影响本身效益的发挥。但文献资源则不同，其所含信息和知识有的具有较强的时间性，若不及时开发利用，就会降低或丧失开发效益。与此相反，有些文献资源的开发效益具有潜在性，其开发效益未必马上就能显示出来，但若干年后可能有很高的使用价值，那时将它开发利用就会产生很大的效益。文献资源具有的时间性，给图书情报机构的馆藏文献资源剔除工作增加了难度。同时，这也要求文献采选人员在采选文献时，既要收集时效性强的文献，又要收集具有潜在效益的文献。

（2）价值性。文献资源的价值实质是文献载体所含知识内容的价值。在被开发利用之前，这种价值潜藏于载体之中，不为人们所见；开发利用之后，这种价值间接体现在某种产品、成果、思想、观念或行为之中，具有隐现性。知识含量越多，产品价值越高，文献资源被开发利用得越好，物质成果和精神成果就越丰富。随着知识经济时代的到来，文献资源的价值是随着文献资源的开发程度而发生变化的，文献资源的价值必将被越来越多的人所认识。随着以知识为依托的知识经济时代的到来，文献资源的作用将更为突出。

6. 共享性

自然资源多是一次使用、不再复用的资源，而文献资源则是可以同时使用、反复使用的资源，还可以根据需要，在条件允许的情况下，对它进行复制、转录、缩微。文献资源的共享性是由文献的社会占有性决定的，文献一旦产生并公布于世，社会公众就有了平等利用它的机会。文献以各种方式出版发行的目的，从根本上说，是为了让更多的人利用它。文献资源的共享性不但为人类在更大范围内进行信息交流创造了条件，而且向人们表明文献资源属于全人类，人人有权共享全世界的文献资源。随着人们观念的转变和其他条件的成熟，这种美好愿望将会逐步变为现实。文献资源的共享性给我们开展文献资源的共建、共享工作提供了理论依据。

第二节　图书馆文献资源的常见类型

一、文献资源的基本类型划分

按照文献的载体形式或出版形式等特征，可将文献资源划分为不同的类型。

（一）依照文献的载体形式分

在整个文献的历史发展中，有甲骨、金石、简策、纸张、胶片、胶卷、磁带、磁盘、光盘等文献；在现代，则可依照载体形式将文献分为印刷型文献、缩微文献、音像文献、机读文献。

印刷型文献。指用铅印、胶印或雕版印刷等各种印刷手段印制出来的文献，其主要载体为纸张。

缩微文献。又称缩微复制品，是利用摄影方法，将文献的内容缩摄在感光胶片或感光胶卷上，借助于专门的阅读设备阅读的一种文献类型。

音像文献。又称视听资料，是将声音、影像记录在电磁材料载体上，并通过相应的电子设备来使用的文献类型。如幻灯片、电影影片、唱片、录音带、录像带等。

机读文献。将文字、声音、图形、图像、视频等多媒体信息，用数字信号记录在磁盘、光盘等介质上，借助计算机、平板电脑、手机等电子设备来使用的文献类型，也包括网络虚拟信息资源。

（二）依照文献的出版形式划分

依照文献的出版形式来分，有图书、期刊、报纸、科技报告、专利文献、标准文献、会议文献、政府出版物、学位论文、产品样本等。

图书。是用文字、图画或其他符号手写或印刷于纸张等载体上并具有相当篇幅的文献，所记录知识比较系统、成熟，一般都有固定的装帧，通过出版社出版发行。

期刊。又称杂志，指那些定期或不定期连续出版，每期有固定的名称和版式，有连续的出版物号，发表多位作者的多篇文章，由专门的编辑机构编辑出版的出版物。

报纸。是以刊载新闻和评论为主的定期连续出版物。

科技报告。又称研究报告或技术报告，是科技人员围绕某一学科或某一课题进行研究、研制工作中的阶段报告、成果报告和总结报告，或对某项研究课题或技术项目在实验中所做的报告和实际记录。通常以正式报告、进展报告、技术札记、备忘录等形式出版。

专利文献。主要指专利说明书，它是专利申请人向政府专利局递送的记录有关发明创造信息的书面文件。

标准文献。它是标准化组织或有关机构对产品、服务等的质量、规格、生产过程及检验方法等所做的技术规定，是不同生产、服务厂商应共同遵守的规范性文件。技术标准按审批机构和应用范围划分，有国际标准、区域性标准、国家标准、部颁标准、企业自订标准等，内容包括各种基础标准、产品标准和方法标准等。

会议文献。是指在国内外各种学术会议上宣读、发表或提交的论文、报告、讨论记录等资料汇编，又称会议录。

政府出版物。根据联合国教科文组织的规定，政府出版物是指根据国家机关的命令，并且由国家负担经费出版的一切记录。政府出版物是各国政府所属各部门发表、出版的文献的总称。其内容极为广泛。

学位论文。是指高等院校的本科生、研究生或各教学、科研单位攻读硕士、博士学位的人员在申请学位时撰写的论文。

产品样本。又称产品说明书，是说明产品性能、规格和使用方法等的技术资料。

（三）依照文献的性质和功能划分

依照文献的性质和功能来分，文献可划分为一次文献、二次文献、三次文献。

一次文献。又称原始文献，是人们对已创造的知识进行第一次加工（固化）而形成的文字记载。

二次文献。是对一次文献进行加工、整理后形成的产物，它对一次文献的特征如题名、责任者、出处、分类、主题等进行揭示和排序，或将一次文献的内容压缩成文摘。二次文献是用来揭示一次文献的，类型有：目录、索引、文摘等。

三次文献。是按照特定的课题，利用二次文献选择有关的一次文献加以分析、综合而编写出来的文献类型，主要有：综述、述评、专题报告、可行性报告、数据手册等。

二、电子出版物

关于电子出版物，至今还没有形成统一的认识，国际上也还没有一个公认的定义。电子出版技术仍处于发展之中，人们对电子出版物的认识也在不断地深化，因而在不同的国家和地区，对电子出版物定义的描述也各有不同。国家新闻出版署1997年12月30日颁布，2008年修订的《电子出版物管理规定》第二条规定：电子出版物"是指以数字代码方式，将有知识性、思想性内容的信息编辑加工后存储在固定物理形态的磁、光、电等介质上，通过电子阅读、显示、播放设备读取使用的大众传播媒体，包括只读光盘（CD-ROM、DVD-ROM等）、一次写入光盘（CD-R、DVD-R等）、可擦写光盘（CD-RW、DVD-RW等）、软磁盘、硬磁盘、集成电路卡等，以及新闻出版总署认定的其他媒体形态。"可以说，这是我国至今为止比较全面科学且具有一定权威性的关于电子出版物的定义。

（一）电子出版物的类型

电子出版物的形式多样，种类繁多，可以根据不同的标准划分出不同的类型：

按载体形态划分，包括：磁性媒体出版物，指信息存储在磁带、软盘上的出版物；网络媒体出版物，指信息存储、处理、出版、发行等环节均在互联网络上实现的出版物，包括联机数据库、网络型电子出版物（如e-book）等；光媒体出版物，指以光盘为载体的出版物，包括一般的CD产品和多媒体光盘，如只读光盘（CD-ROM）、高密度只读光盘（DVD-ROM）、交互式光盘（CD-I）、图文光盘（CD-G）、视频光盘（Video-CD）、照片光盘（Photo-CD）等。此外，还有集成电路卡（IC-Card）。

按文献类型划分，包括电子图书、电子期刊、电子报纸、全文数据库、电子游戏软件、音乐唱盘、激光视盘、交互式教学软件等。

按信息的记录方式划分，包括文本式和图像式（包括静态图像和动态图像）。

在各种电子出版物类型中，网络电子出版物的投稿、编辑、出版、发行、使用等都是以电子形式进行的，可谓是真正意义上的电子出版物。

（二）电子出版物的优缺点

1. 电子出版物的显著优点

电子出版物具有其他信息载体无法比拟的显著优点，主要包括：

（1）存储信息量大，体积小，密度高，节省空间。如一张普通的CD-ROM光盘直径仅12 cm，但容量可达600 MB以上，采用压缩技术，容量更大。一张600 MB的光盘可存储200~300本每本50余万字的著作。而网络的存储空间从理论上讲更是无限的，拥有海量信息却不必建造大型的图书馆。

（2）查阅便捷、快速，精确度高。利用电子出版物的数据库索引系统和全文检索系统，可以从电子出版物中快速、准确地查找到所需的词、句、专有名词等。

（3）传播速度快。随着网络的普及，电子出版物的投稿、编辑、排版、出版、宣传、发行、使用等环节均可以以电子形式进行，这使得传统出版业的许多制作环节得以省略，从而缩短了电子出版物的出版周期，加快了传播速度和更新速度。另外，随着信息技术的发展，互联网出版物得到了广泛普及，用户利用微博、微信等自媒体自主传播网络出版物，这使得信息传播速度更加快捷。

（4）价格相对便宜。电子产品可采用成批量生产方式，可以提供电子版、印刷版、音像资料等不同的拷贝形式，以同一内容形成不同载体的出版物，因而可大大降低生产费用。

（5）信息资源利用频率高，使用范围广。电子出版物可以超越时空限制为身处异地的用户使用，且可同时或反复被用户使用，因而，电子文献的信息资源利用频率高，使用范围广。对于图书馆来说，电子出版物可以有效地解决传统文献资源难以共享、书刊复本不足等矛盾，不仅可以节省经费和空间，也可更方便地向用户推荐所需文献信息，从而改善图书馆的读者工作，使服务手段更加多样化。

（6）直观生动、交互性强。电子出版物利用先进的计算机技术，以纯文本、HTML、多媒体等多种形式，将文本、图片、声音、动态图像组成丰富多彩的出版物，给阅读者以生动、直观的感受，且使用者可利用电子出版物的互动功能，自主选择所要使用的电子出版物或其中某一部分。

2. 电子出版物存在的缺点

（1）电子出版物的保存寿命有限。据研究，"在适宜的保存条件下，虫胶唱片可保存50年不变质，薄膜唱片可保存100年，录像带、盒式磁带等的寿命为15～20年，软盘为20年左右，光盘CD-ROM的寿命为15～20年……"可见，光盘的寿命较短，时间一长会出现数据丢失的现象。而缩微胶卷、胶片则可达100年以上，经过脱酸处理的纸张可保存数百年。因此，电子载体不是大量资料长期保存的合适载体，如果想长期保存电子信息，必须不断复制更新。

（2）技术依赖性强，不能直接阅读。电子出版物必须借助计算机、光驱、影碟机、唱片机、阅读器等设备才能使用。一旦缺少了电源和电子设备的支持，电子出版物的信息就完全不能读取。且电子计算机软硬件更新换代十分迅速，各种软件很快过时，使得电子载体所储存的信息若干年后很难找到与之相匹配的软件，有些信息便难以解读利用了。

（3）存储信息易受干扰、破坏而丢失。与传统出版物相比较，电子出版物的信息采用虚拟存储技术，更容易受到外力的侵害和干扰，如计算机病毒、黑客的破坏、磁场的干扰，以及由于人为和技术因素等造成的信息丢失或删改等。

（4）版权及盗版问题严重。电子出版物采用数字化技术进行信息处理、发行和使用，复制容易，因而电子出版物的盗版、侵权现象比传统印刷载体更容易发生。特别是当电子信息通过网络进行传递时，通过网络下载的方法进行信息复制或者直接采用超链接手段使用别人信息的现象十分普遍，在文献生产过程中也可利用下载的信息，导致侵权行为很难界定。

三、互联网出版物

对于21世纪的图书馆等文献信息机构来讲，"互联网出版物"应当是一个值得特别注意的概念，"互联网出版物"是电子出版物概念的延伸，互联网出版物的兴起，将从根本上改变和丰富文献、出版物的内涵。

（一）互联网出版与互联网出版物

互联网出版物是互联网出版行为的产物。根据我国《互联网出版管理暂行规定》，互联网出版是指互联网信息服务提供者将自己创作或他人创作的作品经过选择和编辑加工，登载在互联网上或者通过互联网发送到用户端，供公众浏览、阅读、使用或者下载的在线传播行为。其作品主要包括：（一）已正式出版的图书、报纸、期刊、音像制品、电子出版物等出版物内容或者在其他媒体上公开发表的作品；（二）经编辑加工的文学、艺术和自然科学、社会科学、工程技术等方面的作品，具体来讲，互联网出版物包括：互联网图书、互联网报纸、互联网期刊、互联网音像出版物、互联网地图、互联网游戏出版物、手机出版物等。

（二）自媒体出版物

互联网出版物还应当包括微博、博客、播客、微信等在内的自媒体传播形式构成的出版物。自媒体出版物具有如下特点：

第一，自媒体出版物具有汇聚功能，使新型网络数字出版符合开放、参与、交互、共享、去中心化等价值理念。

第二，自媒体出版物的传播是裂变式传播，因而内容创生、发布、分享、编辑、引用、评论、反馈、收藏、注释、推荐、标注、搜索、点击等多种行为可以同步进行。

第三，从自媒体出版物的形式上来看，有网络语言、图片、音频、视频；从符号上来看，有信息逻辑符号、文化价值符号以及情感偏向符号。

第四，自媒体出版物语境下的受众是社会网络结构中的受众，在这样一个网络结构中，用户既可以是信息传播者、接受者与评论者，也可以是编者、作者与读者；既参与数字内容创新的全过程，也可融入数字内容营销的各环节，从而形成用户与内容之间、用户与编辑之间、用户与用户之间、用户与数字出版企业之间的多元关系网络。

第五，自媒体出版物的内容呈现无限分化、快速交互的增长趋势，主要包括：素材型内容、信息型内容、知识与见解型内容、数据型内容、舆论型内容、解决方案型内容、社交关系型内容等，并且新类型的内容会不断创生。

第六，自媒体出版物平台包含着巨大的"碎片化"的内容，而其中又蕴藏着许多具有重要价值的内容。对这些"碎片化"内容进行筛选、分析、挖掘等管理成为数字内容管理的重中之重。

第三节　图书馆文献资源建设的重要性

图书馆可以保存文化精粹，传承历史文化。图书馆不仅保存普通的图书、期刊等文献资料，还保存名家真迹和文献孤本。如上海图书馆，在过去的十几年里，每年都要花费巨资对破旧文献进行修复、整理和编目，如今，上海图书馆不仅将盛宣怀档案、家谱、碑帖、尺牍等编目整理了出来，还将其做成数字版供读者使用。他们还将工作重心放在内容建设上，发展衍生性服务，比如，将这些专藏做成一个个知识库，将原件资源与研究资源、印刷型资源与数字化资源整合在一起。

每个地方都有其独特的文化历史底蕴，所表现出来的人文精神也不尽相同。图书馆，特别是公共图书馆，作为一个地区的文化场所，不论是其外部建筑和内部设施，还是收集、整理、保存的各类书刊资料、特色文献，都体现出地域特色，是一个地区文化的聚集场，突出了地区文化的特色。比如，该地域著名作者的著作，有关该地域文化、经济、教育、历史、物产、风俗等方面的著作。图书馆负有弘扬地域文化的使命。此外，图书馆是区域文化重要的学习与研究基地，它为公众提供不同载体形式的地方特色文献、文化服务活动与学习研究空间，使公众在继承前人优秀文化传统的基础上，与时代相结合，继续繁荣当地文化。图书馆的这种职能使其在传承与弘扬地区文化、提升地区的文化竞争力方面具有不可替代的作用。

文献资源建设是图书馆事业的核心基石，是图书馆得以存在和发展的重要保障。只有通过不断完善文献资源管理制度并加强文献资源建设，图书馆的功能和作用才能得到充分体现。文献资源建设作为文献情报事业的重要组成部分，同时也是现代图书馆学、情报学、文献学共同关注的焦点研究课题。

文献资源建设主要涉及两个方面：一方面是各个文献情报机构对文献的收集、组织、管理、贮存等工作；另一方面是地区、国家乃至国际的众多文献情报机构对现有文献资源的规划和收集，以形成整体资源。宏观上需要制订目标和规划，进行协调和分工，以指导文献情报机构的文献收集工作，突出各自优势，形成比较完善的收藏体系。同时，这些机构应将其作为集体的资源，共同享用，从而建立一定范围内的文献资源保障体制。

图书馆的核心人物是馆员，图书馆既是公益性的服务单位，又是由不同兴趣、不同需要、不同能力、不同角色构成的复杂利益群体。只有当大多数人或所有人的意志统一于某个共同目标之下，图书馆才能实现自身的价值。这个共同目标的形成，是在图书馆内部大多数或全体员工对客观事物意义的共同认识基础上形成的图书馆意志、行为规范，是以图书馆为主题的价值观。

在网络环境条件下，读者、用户需求的不断变化促使图书馆在信息服务方式、服务途径、服务内容等方面进行变革。信息服务和以前相比呈现出服务对象和服务内容精细化、服务方式和服务途径灵便化、服务手段和服务过程无形化等特点。信息技术给图书馆信息服务带来了技术支持。现今，网络信息技术在图书馆信息服务领域的应用已处在蓬勃发展阶段。网络时代丰富了信息共享空间的资源内容，实现了新技术和信息共享空间的完美结合，同时强化了信息共享空间"以用户为中心"的服务理念。个性化服务是图书馆信息服务领域的核心研究内容，是图书馆信息服务的研究热点，也是图书馆未来的发展趋势。

图书馆的基本功能是传递信息、传播知识、传承文明，根本目的是为读者服务。我们在做好文化传播建设的同时，还要注意降低图书馆的运营成本，提高图书馆的工作效率，增强图书馆的竞争能力，提升图书馆的整体服务品质。如何加工网络信息资源，如何存储信息、编目索引等，都需要图书馆人员进一步研究与探讨。我们唯有从文献资源采购以及图书馆服务等方面入手，方可构建特色鲜明的图书馆文献资源体系，满足公众多样化的文献资源需求，提升数字文献资源利用率，拓展数字图书馆服务范围，推动数字文献资源更好地为读者服务，进而最大限度地发挥图书馆的文化功能。随着大数据、云计算、5G等信息技术的产生与发展，互联网已成为人们日常生活中不可或缺的部分。现今，经济、科技、教育等领域都在积极寻求发展，图书馆也展现出了转型发展的趋势。自古以来，文化领域的权威意识在整个中华民族的思想意识中都是根深蒂固的，教师和学生都处在社会现实中，所以提高教师和学生的认知水平、提升他们独立思考的水平是图书馆工作的重中之重。读者的阅读方式发生了深刻变革，推动了图书馆读者服务的创新与转型。大数据等新概念与新模式促使信息资源建设内容与形式快速变化，图书馆文献资源呈现出新的特性。图书馆如何有效发挥自身文献资源优势、适应读者需求、加强文献资源建设、构建文献资源建设新模式，是值得我们认真探究的问题。

第四节 信息时代图书馆文献资源建设探讨

在当前信息时代下，图书馆文献资源主要是馆内资源与馆际之间的共享资源。图书馆不仅要借助于馆内已有的文献资源为读者提供咨询服务，同时还可以依托于互联网平台来利用馆际共享文献资源服务读者，更好地满足广大读者的不同需求。另外，图书馆文献资源建设须尽快适应新时期的要求，进一步实现文献资源数字化、网络化、共享化，利用好现代信息技术推动自身发展。

一、信息时代图书馆文献资源的构成及价值

（一）信息时代图书馆文献资源的构成

图书馆馆藏文献资源丰富，读者来自各个领域和阶层，统计数据和文献数据较为丰富集中。实际上，图书馆需要为各个行业服务，读者服务的有效开展都需要以馆藏文献资源作为支撑，所以新时期图书馆应当充分认识到文献资源建设工作的重要性，努力开展好如下几方面工作：一是自建文献资源，一般来说，自建文献资源往往是图书馆特色文献或重要文献；二是购买商业文献资源，在这一过程中图书馆会消耗较多购置成本，可能对预算资金带来影响，大部分图书馆的资金预算有限，所以需要合理规划采购商业文献资源；三是网络文献资源，其具备学术性与免费性等优势，是信息时代图书馆文献资源建设的关键。

近年来现代信息技术的发展，使网络文献资源受到了越来越多的关注，被更多的读者所接受和喜爱，逐渐有成为图书馆主要文献资源的趋势，因此要引起重视。

（二）图书馆文献资源的主要价值

文献资源属于图书馆的核心资源，为科学研究工作和社会教育等各个行业领域提供了丰富的资料数据，对各行业的持续健康发展具有很大的积极影响。图书馆文献资源的开发利用价值非常大，因此需尽快推进落实文献资源建

设，坚持以读者需求为出发点和落脚点。进入新世纪后，国内各个城市图书馆在文献资源建设方面进行了较为广泛而深入的探索，也积累了丰富的经验，取得了显著成绩。各图书馆应当相互学习借鉴，采取科学的策略对文献资源予以整合、归类、分析与编制，确保馆藏文献资源能够有效促进社会经济发展，助力科研创新活动的开展，满足更多读者的个性化需求，真正发挥出文献资源的价值。

二、信息时代图书馆文献资源建设的对策

（一）文献资源智慧化整合及利用

图书馆需对馆藏文献资源进行科学整合，包含各种数据、不同载体的文献，同时要选择统一标准为其登记"身份信息"。另外，还要选择二维码、RFID等物联网技术，让读者可以更加准确地"感知"不同的资源信息，从而更合理地利用文献资源。要推进智慧化文献资源的开发利用，加快对纸质文献资源实施数字化处理，例如期刊电子化、书籍数字化，之后将数字化的文献资源以及目前已有的数字资源实施连接，建立完善系统的数字化文献资源库。用户不仅能够跨区域搜索自己需要的文献，还能够实现跨平台和跨载体的检索，同时也可以借助于PC、移动端来对图书馆内部文献资源进行读取和浏览。

（二）提供多种文献获取、检索途径

在推进探索互联网+读者服务的过程中，应当建立统一的文献检索平台，以便于读者能够随时随地访问检索平台，同时只需进行一次检索就可以快速、准确地获取到所需的文献资料。另外，要积极加快APP应用程序的开发工作，以便于读者能够使用移动客户端就可以获得所需要的资源。对于文献资源的下载来说，针对纸质文献实施数字化处理，尽可能让馆藏文献都能够进入检索平台，供广大读者进行在线浏览或下载。RFID等物联网技术的进一步普及应用，为依靠纸质资源的读者带来了更好的获取渠道，这部分读者能够自助查询文献，实现自助借还，部分不能亲自到图书馆的读者也能够通过物流途径来实现远程借阅。

（三）建设具有专业特色的数据库

图书馆特色数据库是按照图书馆的馆藏特色以及优势专业，结合广大读者的实际需求，对某一领域如体现地方经济、学科专业以及专题特色的信息展开

收集、整理、评价，同时依靠统一的标准和规范化的程序把文献资源数字化，进而建立的特色数据库。即在开展好实体馆藏文献资源数字化的前提下，结合图书馆的具体情况推进信息工程建设，坚持以特色和专业规划原则，着重对相关电子文献予以收集，构建系统化、层次感强的特色资源库。因为数据库建设与维护需要投入较大成本，图书馆可以采取合作的办法，让图书馆和当地政府部门、科研机构以及企业之间建立合作关系，依靠各方在人财物之间的优势互补，共同打造专业特色数据库，迈出一条共建共享的道路，实现文献资源的优化配置。

（四）进一步拓宽文献来源渠道

图书馆需要以现代信息技术为支撑，跨越边界，面向全社会扩展纸质、电子等文献资源的来源渠道。一是可以加强和国际、国内、省内的公共图书馆、高校图书馆、科研机构图书馆等不同类型图书馆之间的沟通交流，提高文献资源的共享程度；二是应当积极主动和当地档案馆、博物馆、纪念馆等单位开展合作，互换文献资源的复制件；三是要利用好出版物缴存制度，开发缴存资产价值；四是通过命名、专藏抑或纪念活动来引导广大读者或社会组织机构捐赠文献资料；五是定期组织读者易书、互荐等活动。

（五）健全信息共建共享的运行机制

一是要由当地政府部门带头组织，规划建设各级图书馆的网络资源与管理中心，坚持科学统筹，合理设计，开展好现代化图书馆网络共建共享体系基础资源建设的宏观规划。另外，需要尽快推进文献资源网络建设的政策支持，制订和文献资源共建共享体系相关的法律法规，保证此项工作有章可循、有法可依。

二是要借助于相关政策法规来明确共享网络资源中的相关问题，在有效保护知识产权的基础上，为图书馆共建共享运行机制营造良好的政策环境。

（六）提升管理人员信息技术水平

图书馆文献资源建设工作不仅仅从思想观念上对图书馆管理人员提出了新的要求，更关键的是要让图书馆管理人员能够主动适应新时期下图书馆文献资源建设和社会化服务工作的实际需求，应当拥有开展此项工作所应当具备的信息技术知识，拥有互联网信息搜集获取能力，唯有如此才可以更好地为广大读者服务，真正推动图书馆的发展。所以图书馆管理人员队伍建设工作的重点在于促进其科技应用能力的不断提升，同时强调针对现代化、信息化、智能化人才的培养工作，定期组织开展培训教育活动，采取引进来和走出去的方式来提高图书馆管理人员的网络信息技术能力。

总而言之，信息时代的来临在很大程度上推动了图书馆运营管理模式的创新和变革，在带来发展机遇的同时也提出了新的挑战。图书馆需要坚持与时俱进，利用好互联网平台和信息技术，主动关注用户需求，实现信息时代的理念、技术创新，落实好文献资源建设工作，为更多读者带来优质服务。

第二章 图书馆文献资源建设与管理

第一节 图书馆文献资源的选择与采访

一、图书馆文献资源的选择

文献选择实质上是对特定文献是否被收集、入藏而作的判断。因为每一种文献都会涉及学科、主题、水平层次、受众对象、文献类型、文献载体、出版发行时间和版次、出版发行地点和国家、制作方式、文种、价格等诸多因素，这些构成了文献选择的依据，需要综合平衡后再决定取舍。

（一）图书馆文献资源选择的标准

文献资源选择是对文献进行挑选的过程，在这个过程中需要对文献进行鉴别和判断，选取标准要依据图书馆的性质、地区发展程度和地域特点、图书馆服务对象的情况以及馆藏需要来制订。"文献资源选择对图书馆的发展有重要的作用，左右着馆藏文献的质量。"文献选择关系着图书馆的功能性和读者的需求能否得到满足，因此在选择和采集文献的工作中，专家学者和读者都是重要的参与人员，他们的加入能够有效提升文献选择工作的效率和质量。

在进行文献选择时，图书馆不光考虑自身的性质和任务，还应兼顾读者的娱乐和教育需求，同时也把握各个年龄段及不同教育水平的人群间的平衡。图书馆根据其重点考量因素对文献选择进行详细的标准制订。

1. 读者对象

文献要根据读者的需求设置，符合读者的能力和水平才能发挥其作用，读者的能力和水平不同，对文献的需求也不尽相同，因此不同种类的文献均有相应的读者对象。以基层公共图书馆为例，读者的需求大多是休闲娱乐和工作学习，此外还有关乎地区经济发展的科研需求，图书馆应对此进行对应的文献资源选择。

2. 内容主题

图书馆在进行文献选择工作时要分主次，按照重点选择对象和一般选择对象制订类目表，详尽展示文献选择的任务以保证工作的顺利完成。进行文献选择要对文献进行初步的了解，通过书目的内容简介和相关评论能够对文献主题进行初步确定。

3. 文献的责任者

文献的责任者主要指文献的著者和编者。一般而言，图书馆不可能入藏某学科的全部文献，因此在选择文献时应优先考虑著名责任者的著作，因为文献的责任者在学科领域中的地位和知名度基本可以反映该文献的学术价值。

4. 文献的出版者

通常情况下，应优先选择由专业或著名出版机构出版的文献。

5. 文献的价格

图书馆在制订文献选择标准时，应根据自身经费情况确定文献的单种最高限价，对价格较高而又必须或应该入藏的文献，应提交具有审批权限的主管领导研究决定。

（二）图书馆文献资源选择的步骤

1. 广泛搜集文献信息

广泛搜集文献信息，把握文献来源，获得文献生产、制作、出版、供应、发行方面的信息。现代文献浩如烟海，文献目录则是揭示、报道、导向、控制文献信息的工具，尤其是出版发行目录，可以充分利用。文献信息是文献选择的基础，掌握的文献信息越多，可供比较选择的面则越宽，选择的难度越大，质量要求也越高。

2. 对文献资源查重

将具体文献书目信息（见到的或未见到的）与图书馆的馆藏建设方针或文献收集计划进行比较，做出可否入藏的初步判断。判断的方法是通常要查阅馆藏目录，确知某文献是否已经入藏（称为查重），并根据文献流通部门反馈来的信息，确认已入藏的文献是否需要增加复本等。这是选择的重要一步，或称粗选，其实质是对文献进行"范围选择"。

3. 分析鉴别初选文献

对已初选的文献，进一步分析、鉴别、评判，进行"质量选择"。选择时须侧重于对该文献的学科范围、内容价值和实用意义进行综合考察，并与同类文献进行优劣比较，然后作出判断（取舍）。鉴别与评判文献是一项智力活动，需要有相当的学科专业知识并掌握适当的方法。例如根据文献作者、出版者可判断其学术水平（权威性），根据文献序跋等判断其写作目的、读者对象，根据正文（主体部分）判断其内容范围等方面情况，根据文献外观、质地、装帧等判断其保存与使用价值等。对具体的某类型文献还有特殊的评判标准，如对于工具书还需从检索性、准确性、及时性、编排体例等方面进行考察。在这方面，书评文章，权威性的目录如推荐书目或选择性书目、标准馆藏目录等，经过引文分析而确定的核心文献（如期刊）一览表，某文献在检索刊物上的被索引率、被摘率等等，对于鉴别和评判文献有较大的参考价值，可供文献选择时参考。

4. 文献资源的复选

在文献入藏以后，还必须经常地对馆藏文献进行评价。馆藏评价的结论可作为选择补充的依据。图书馆定期开展对文献选择和收集状况、支持研究的能力、用户需求和使用情况等进行调查、分析和研究，提出调整和优化馆藏结构的建议。文献选择人员依此对馆藏文献进行筛选，剔除无用的或陈旧过时的文献，保留仍然有利用价值的文献。这种选择是对图书馆现有文献进行的选择，可直接接触文献，选择的主要依据是馆藏建设方针、读者使用频率、文献使用寿命、引文分析结果、用户意见等。

除了上述步骤以外，图书馆还需根据馆藏评价后所提的建议，针对文献收集工作中存在的问题和薄弱环节来改进文献选择方法，并补选和采集需要的文献成为馆藏。

二、图书馆文献资源的采访——以纸质资源为例

（一）纸质资源采访途径

图书馆进行纸质资源采访，通常有以下方式。

（1）通过中标图书供应商采购图书，是最主要的采购途径。与图书供应商签订合同后，基本以固定（每周发一次征订目录）的频率进行正常采购。

（2）参加各类书展，其中以图书供应商举办的各类大型现采会为主。

（3）零星订购，通过网络订购等方式少量采购。

（4）接收以各种方式捐赠的文献。

（5）荐购，可以通过图书馆使用的OPAC管理系统收集荐购信息，也可以通过QQ、微信、电话或专业图书荐购传递平台等多种方式综合进行。

（6）通过智能采访平台进行采选。

（7）联系各出版社，获取最新出版信息。

（二）纸质图书采访流程

1. 图书采访流程

2012年Marshall Breeding首次提出图书馆服务平台（Library Services Platform，简称LSP）的概念，并成为图书馆界的研究热点，目前国内一流高校使用的产品主要是国外的图书馆服务平台，主要商业产品有ExLibris公司的Alma、Serials Solution公司的Intota、Innovative Interfaces公司的Sierra以及OCLC公司的WMS等。除商业系统外，由EBSCO公司资助的开源项目FOLIO（The Future of Libraries is Open）项目也在研发中。国内普通高校使用的图书馆服务系统以汇文图书服务系统为主，现以汇文OPAC系统为例介绍图书采访流程：

（1）征订数据导入

对图书供应商提供的ISO采访数据，在汇文"采访模块"中选择"征订"，再选择"MARC征订数据导入"，选择"新增转入"，选择文件转入并命名批次号，再选择Marc类型和文献类型，然后选择"转入"功能，选择图书供应商、征订截止日期等信息后，确定导入数据。转入批次号按一定规则命名为最佳方式，以内蒙古工业大学图书馆为例，其命名方式为：图书供应商名称汉语拼音大写首字母（如百万庄为"BWZ"）+年度简写（如"17"）+顺序号（一般为两位数）。

（2）征订目录批查重

选择图书供应商、目录后，对所选目录分别按ISBN号、题名进行2次查重。对重复书目的处理：对ISBN号的查重结果，直接全选、删除重复书目；对题名的查重结果，需要酌情删除，对于复本量较大、同名书目较多、出版年较早、出版时间间隔短、流通频率低、出版社规模小的书目，或者有其他不符合馆藏原则的书目直接删除；对于流通频率高、出版时间间隔长、知名出版社出版、订购未到的书目，或者其他符合馆藏原则的书目，可以增订，直接加入订购目录。

(3) 利用征订目录形成订购目录

从"征订目录管理"中选择图书供应商, 再选择查重后的征订目录批次, 在目录中选择符合馆藏原则的书目记录, 点击菜单栏的"批量自动订购", 确定订购套数, 形成订购目录。

(4) 利用现有的订购目录形成新的订购目录

在"订单组织"中选择图书供应商、订购目录或直接在"订单组织"中按系统设定的字段进行检索查询, 在已有记录中选择需要的书目, 添加订户信息和预订信息, 确认保存订购记录。每一条加订数据按照上述流程依次操作, 形成新的订购目录。

(5) 订购目录校对

首先进行初校, 采访人员在"订购目录组织"中选择图书供应商、订购目录后, 按价格、出版社、分类号、预出版日期等项分别进行排序后再次逐一查看, 进一步确定书目是否适合馆藏, 对不符合馆藏原则的书目进行相应的修改、删除, 形成最终的订购目录。其次, 采访人员核对完订购目录后, 由采访总负责人最终查重、校对。

(6) 订购目录发订

订购目录校对后, 全选订购记录, 点击"发订", 将订购目录导出为Excel表, 发给图书供应商。

(7) 订购目录数据核对

图书供应商将订购目录信息进行反馈, 采访总负责人对反馈的订购目录进行核对确认, 再发给图书供应商。如果订购目录数据出现问题, 采访总负责人需及时与图书供应商沟通解决。

(8) 采访完成时间

通常要求图书供应商在接收到采访数据一定时间内完成一个批次目录的采访。如遇开学初, 或书展、库存有大量订购目录数据堆积时, 可以适当延长处理时间。

2. 图书采访流程图

总结起来, 纸质图书采访流程如图2-1所示。

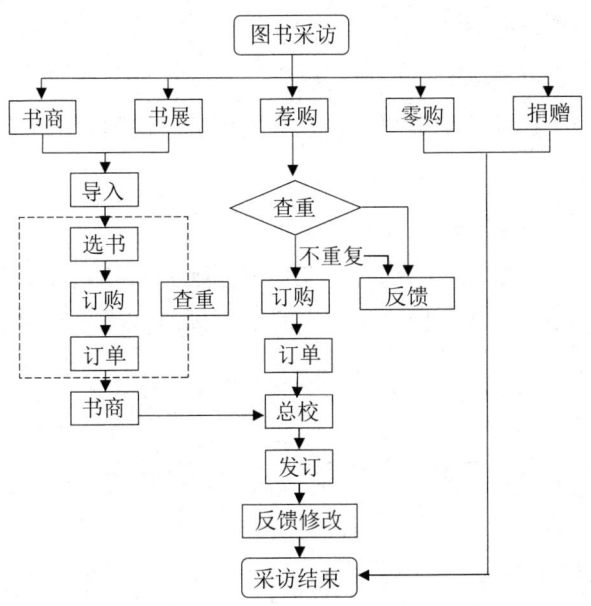

图2-1 纸质图书采访流程图

（三）纸质报刊采访

纸质报刊的采访原则和流程与图书的采访是有差异的。

1. 采访原则

（1）订购前图书馆需多方采集中外文期刊信息，根据学校学科专业设置及学生素质教育与课外阅读需要选订期刊。

（2）合理使用期刊订购经费，坚持多种载体文献共存互补的原则，在保持纸质与电子等多种载体期刊并存的情况下，应尽量减少不同载体期刊的重复入藏，避免浪费。

（3）期刊属于连续出版物，要尽量保持其连续性和完整性。凡已订购的期刊，一般不应轻易停订。停订、增订期刊应持慎重态度，必须由主管领导批准，订购人员不能擅自决定。

2. 采访流程

（1）收集期刊订购信息

在每年的期刊订购过程中，采访人员需参考上一年订购目录，根据期刊的使用情况，在征求各学院、相关阅览室工作人员和读者意见及建议的基础上，对期刊的订购提出续订和增减方案，报主管馆长审批，然后在规定的期限内形成订购目录，办理订购手续。

（2）收集报刊的出版信息

采访人员向中标供应商收集、索取有关报纸、期刊的出版信息和目录。通常在当年10月左右开始征订下一年期刊。

（3）订购意见征集

一般图书馆请各学院进行初选，在初选基础上拟定的第二年订购目录，并在图书馆网站公布，征集反馈意见；同时征集相关阅览室工作人员对报刊利用情况的反馈意见。

（4）形成订购方案

根据反馈信息对拟订购目录予以修正，并打印出期刊订购目录和经费预算表报馆长审批。

（5）办理订购手续

采访人员根据批准后的订购方案填写订单，发送承办单位。收到承办单位发来的正式订购目录，确认无误后，由承办单位出具发票以及中外文期刊、报纸订购税控清单，交部门负责人办理汇款、报账等手续。并对所订购的期刊设定架位号以便承办单位贴架标。

（6）报刊采访数据生成

在汇文管理系统"连续出版物"模块录入订购数据。续订刊需进行查重，选取对应的MARC数据，延续上一年度的MARC数据；新增刊需先建立简单的书目数据，再输入必要的订购数据。

3. 报刊采访应注意问题

（1）订购过程中，采访人员应严格遵守财务纪律和财务制度，做好付款、报账工作，及时催索发票，清理账目。做好年度期刊订购情况及各类报刊的统计工作，报馆长审查。并做好各类订购记录的存档工作。

（2）采访人员要加强与供应商的联系，掌握期刊停订、停刊或刊名、刊号变动情况，并及时通知期刊验收人员。对于当年停订或新增期刊，应及时向阅览室人员通报信息。期刊停订、停刊的，要及时办理退款，交相关部门按规定处理。

（四）读者荐购

1. 荐购处理原则

依据采购原则、年度采购计划、文献购置经费等，结合学校教学科研、专业设置、学科建设等情况，综合考虑读者的荐购意见。

2. 荐购方式

图书馆应向读者提供多种荐购方式，比如OPAC系统荐购，电话、微信、QQ以及专业荐购平台传递等。

3. 荐购处理

（1）已有入藏的，及时回复读者。

（2）未入藏且符合馆藏要求，应予订购。通过各种渠道（如当当网、亚马逊、京东等相关图书网站或国家图书馆、CALIS书目信息网站）查询荐购图书的详细信息，做成单独的荐购订单，订单的处理过程与普通图书订单一样。图书供应商能够提供图书，按照正常流程订购；如图书供应商提供不了图书，则无货退订。

（3）未入藏但不符合馆藏要求，向读者回复不订购原因。

（五）接收捐赠

随着我国经济的发展和中外文化交流与合作的逐步深入，图书馆接收到的境内外出版物不断增多，这对学校师生学习先进的科技与文化发挥了重要作用。根据，图书馆对境内外捐赠，实施规范的审核与管理，以确定能否纳入馆藏。图书需根据各类文件精神，如《出版管理条例》和《关于接受境外机构或个人赠送境外出版物有关事项的通知》等，结合实际情况，制订捐赠细则。捐赠细则应包含受赠原则、审核管理办法、入藏原则、不予入藏原则及受赠方式等内容。

（六）零星订购（零购）

1. 零购原则

图书馆需依据采购原则、年度采购计划、文献购置经费、馆藏情况等，结合学校教学科研、专业设置、学科建设等情况，少量采购适合馆藏的文献。

2. 零购范围

零星采购一般在图书馆采访中适用于以下情况：馆藏资源查缺补漏所需文献的补订；对时效性强的图书和畅销书的征订；对读者特别需要图书的征订。

第二节　图书馆文献资源的分类与标引

一、图书馆文献资源的分类

"分类是人类的基本逻辑思维形式之一，是人类认识和区分客观事物的基本思维活动。"世界上的任何事物都有着多样的不同属性特征，其中有本质性特征和非本质性特征。通过本质性特征可以将它与其他不同的事物区分开来，将相同的事物聚集在一起。

生活中，我们经常会用到"类"的概念。商店里的商品或按用途（服装、食品、生活用品）分别陈设，或按材质（塑料制品、纸制品、金属制品）列类摆放，方便人们按类索取；对人类本身，按性别可分为男人和女人，按年龄分为儿童、成人、老人等。记录人类对客观世界认知程度的文献资源的分类，也应是建立在人类对世界事物的分类之上。

（一）文献资源分类的相关概念界定

1. 类、分类、类目、类名、类号

（1）类

指的是属性相同的事物形成的一个集合，它可以呈现特别事物具有的相同特征，如果事物之间存在共同特征，那么事物就属于同一类别；如果存在不同特征，那么就属于不同类别，这里的类就是"物以类聚"中的类。

（2）分类

分类是人类使用的认识、区分以及组织事物时的逻辑方法。对事物进行分类可以参考事物的本质属性或事物表现出的显著特征，其中，本质属性指的是事物呈现出的稳定属性、决定事物类别的属性或者是事物本身就有的与生俱来的属性，这些属性是事物区别于其他事物的本质。对事物进行类别划分时，需要参考书体现出的本质属性，根据本质属性进行区分，不同事物的内在联系可以充分地体现出来，人们可以更好地观察不同事物，进行事物的区分。分类具有的根本特征体现在两个方面：首先，它可以让不同的事物因为区分而划分到不同的类别；其次，通过分类，相同的事物可以成功地归纳在一个类别当中。

（3）类目

文献资源分类体系中的类也可以叫作类目，文献资源体系中的类目聚集了一种属性相同的文献资源，类目属于体系中的基础单元。

（4）类名

表示类目概念的名称叫类名，类名不但指示了类目的名称，还规定了类目的性质和内容范围，要求表达精确、概括。

（5）类号

类号是分类法的标识符号，即《中国图书馆分类法》中的类目"R135.3高温中暑"，其中"R135.3"是类号，"高温中暑"是类名。

2．文献资源分类的概念阐述

"文献资源分类，是以文献分类法为工具，根据文献资源所反映的学科知识内容和其他显著属性特征，分门别类地、系统地组织与揭示文献资源的一种方法"。

俞君立、陈树年在《文献分类学》中，对此概念阐述了以下四个方面的含义：

（1）分类对象

文献资源分类主要对文献资源保存机构中保存下来的资源进行类别的划分，这些资源主要包括印刷型文献、音像资料、网络文献以及电子出版物、缩微资料等。

（2）分类依据

文献资源主要按照资源内容属性以及资源体现出的主要特征进行分类，人类掌握的知识和经验需要文献记录下来，并且通过文献的形式传播，文献中涉及的学科知识代表了文献的本质属性，文献的归类也需要按照本质属性的不同进行划分。

（3）分类使用的方法

分类使用的主要方法是文献分类法，方法的作用有两个：首先，该方法的使用可以让知识内容不同或者是显著特征不同的文献资源区分开，让内容或者特征相同的资源实现聚集，让资源可以更好地被检索；其次，文献资源收藏机构可以按照分类法中给出的标准统一进行各类资源的分配，从而让资源分类体现出明显的一致性。

（4）分类遵照学科知识体现出的系统性

把系统性当作学科知识分类的标准，所以人们在进行信息检索的时候也可以按照学科门类进行检索。

（二）文献资源分类的主要作用

1. 可以明确文献处于学科系统中的位置

利用文献资源分类形成以学科纵向为角度的文献分类检索系统，对文献进行分类之后，可以明确文献处于学科系统中的哪个位置，也能够体现出学科和其他相关学科之间存在哪些交叉之处，读者可以根据学科知识所属类别进行文献的检索，图书馆工作人员也可以根据学科知识所属类别进行相关图书的推荐，为读者提供更多的咨询服务。

2. 可组织分类排架

图书馆中的文献数量非常多，所以，图书馆必须对文献进行相应的排列管理，否则当读者需要寻找一本书时就如同大海捞针。在对文献资源进行分类排架的时候，按照学科属性可以将不同学科类别的图书排放在一起，让图书因为内容的不同区分开来。读者也可以根据内容的不同查找相应的文献，分类排架的方式更有助于文献的开架借阅，更有利于文献被读者使用、被读者借用。在对文献进行排架时，如果按照文献的登记号码、文献所属年代进行编排，那么很难实现文献的开架阅读，文献之间存在的内容关系也很难揭示出来。

3. 便于统计各类文献资源的借阅量数据

通过对文献资源进行详细的分类和统计，可以方便获得各类文献资源的借阅量数据。这些数据可以清晰地反映出读者的阅读需求和阅读倾向。例如，我们可以通过数据得知哪些类型的书籍或资料最受欢迎，哪些类型的书籍或资料借阅量较少。这些数据可以为文献资源建设工作提供决策依据，例如采购新书或增加某些类型书籍的库存。此外，通过对这些数据的分析，我们还可以为读者提供更加个性化的阅读推荐服务，提高读者的阅读体验和满意度。因此，对文献资源的分类统计和数据分析是图书馆工作中不可或缺的一环。

（三）文献资源分类的工作程序

文献资源分类与下一小节的主题标引，虽然是以不同的检索语言来标引文献，但其工作程序是一致的，在此综合论述。

1. 查重

目的在于避免同书异号，重复标引，保持同一种文献的标引前后一致。查重解决的问题主要有：利用公务书名目录（纸质卡片目录）或书目数据库，查明待标引文献是否为已入藏文献的复本，是否为已入藏文献的不同版本，是否为多卷书的不同卷次或续编，是否为已入藏文献的不同载体形式等。如为复本，则直接添加并分配馆藏地址；如为不同版本、版次，则引用原来文献的分类号和主题词；如为不同载体形式，则适当改动类号和主题词即可。查重有利于提高标引速度。

2. 文献主题分析

主题分析的质量决定着标引的质量。准确的标引取决于对文献主题的正确分析和概念的准确提炼和选择。一般应该做到不遗漏应该分析出来的概念，但也不过度析出无价值的主题概念。例如《肉鹅高效益养殖技术》一书，对肉鹅的品种、经济杂交、营养与饲料、种草养鹅、鹅的孵化、饲养管理、常见病防治、鹅场建设等进行了介绍。通过分析，认定它是一本针对农民朋友的论述肉用鹅养殖方法的图书，分析提炼出几个概念：鹅、肉用鹅、养殖、饲养管理。

3. 归类和主题词选择

根据文献主要主题的学科属性及其他特征，查阅《中国图书馆分类法》，找到与其相符的类目，赋予文献分类号，作为分类检索标识。再根据分类号查阅《中分表》，找出相符合的规范主题词。《肉鹅高效益养殖技术》一书，逐层分析归入S农业科学——S8畜牧、动物医学、狩猎、蚕、蜂——S83家禽——S835鹅。主题标引，查阅《中分表》的"分类主题对应表"，原先分析提炼的"鹅、肉用鹅、养殖、饲养管理"概念，经与《中分表》中的规范主题词比对，规范为"鹅、肉用型、饲养管理"。

4. 编制分类索书号、组配主题词

因为使用的是分类排架的方式，所以在同类别的书目中还需要使用其他的方法进行区分，这样才能将每一本书的特点体现出来。具体来讲，可以根据排列的次序为书目进行书次号的编制，书次号和排架分类号共同组成图书的分类索书号。假如一本书对应的分类号有多个，则需要从中选择一个与文献内容最为贴切的当作此书目的分类排架号，其余的可以作为书目的分类号。

如果使用"分类号+种次号"方式作为排架分类号，那么假设书目是《肉鹅高效益养殖技术》，则它对应的分类排架号就是S835/1。

如果规范主题词使用的是自然语言，是由自然语言转化而成的，那么可以按照主题词进行分组和组配。假设是"鹅、肉用型、饲养管理"，那么它的组配是：肉用型—鹅—饲养管理。

5. 分类号、索书号、主题词字段的录入

若为手工目录，要求将索书号和主题词书写于卡片之上，根据书写位置的不同，分别建立分类目录和主题目录。如果是机读目录，则将分类号、索书号和主题词录于各规定字段。例如，CNMARC（中国机读目录）格式中，图书《肉鹅高效益养殖技术》，在690字段录入分类号S835，在606字段录入学科主题词"肉用型$×鹅$×饲养管理"，在905字段录入索书号S835/1等信息。

6. 审校

文献主题词以及文献的分类号确定之后，还需要进行的一个步骤是标引审校。具体来讲，主要涉及的内容有：判断主题是否进行了充分的分析，判断主题概念是否正确地进行了提炼，判断类目是否进行了准确的归入，判断主题词是否按照规范使用，是否符合选词标准或者是组配规则，判断检索标识和要求之间是否吻合，判断标引是否存在不一致的问题。审校工作是文献标引质量的根本保证，它的存在可以在一定程度上减少标引误差，所以，这一步骤是不可以忽略的。

二、图书馆文献资源的主题标引

在科技日新月异、文献资源爆炸性增长的当下，以主题进行文献检索已成为最便捷、最快速的检索方式。主题检索将成为机读书目数据的关键渠道，使得主题标引在图书馆工作中显得愈发重要，各馆对于主题标引工作的开展也给予了高度关注。

主题标引工作，即依据文献的核心内容，参照主题词表对其进行的客观描述和深入揭示，为读者提供了从主题角度检索文献的途径。它具有精准、灵活和直接的特点，能够将无序的文献资源整理成有序、规范的文献检索体系。对于教学科研人员来说，它能将某一主题概念的文献资料准确、集中、全面地呈现出来。

（一）文献资源主题标引的原理——概念组配

主题标引的基本原理是概念组配。"概念组配要求以表达基本概念的语词为标识，既可以是单词，也可以是词组，本质上是在概念分析的基础上进行概念综合，是符合概念逻辑关系的组配。"

概念组配所表达的概念与参加组配的各方所表达的概念在逻辑上是有关联的，往往表现为上位概念（属概念、整体概念、事物概念）和下位概念（种概念、部分概念、方面概念）的关系。

叙词的概念组配类型主要有两类：交叉组配和方面组配。

1. 交叉组配

交叉组配指的是两个及以上存在交叉关系的叙词之间发生的组配，交叉组配概念具有的特点是存在外延重叠。举例来说，管理学和教育学进行组配之后，形成的就是教育管理学；青年和工人进行组配之后，组成的就是青年工人概念；药用动物和哺乳动物进行组配之后，组成的就是药用哺乳动物概念。因为参与组配的叙词概念存在交叉，所以可以将参与组配的概念称之为属概念。通过组配交叉之后，形成的概念叫作种概念。

2. 方面组配

方面组配也称限定组配，是指将表达某一事物的叙词与表示事物方面（部分、属性、状态、过程、条件、关系等）的叙词进行组配，两者不是同性质的词，所表达的概念在外延上并不相交，但所代表的文献在内容上却有交叉部分。例如，"计算机"与"构造"组配表达的"计算机构造"，"图书馆"与"建筑设计"组配表达的"图书馆建筑设计"等。方面组配产生的新概念只是参与组配概念其中之一的一种概念，与另一概念的关系则是部分和整体的关系、方面与事物的关系、过程与主体的关系中的一种。方面组配使用范围广，使用自由。绝大多数的叙词组配都是方面组配。

（二）文献资源主题标引的作用

主题标引的作用是为读者提供一种按照事物进行文献资源检索的途径，主题标引需要使用规范化的自然语言对文献资源进行标识，这种标识方法更直观，更适合进行多种文献检索。文献资源分类标引完全按照严格的学科体系进行文献的检索，所以读者必须了解它要检索的文献属于哪个学科分类体系，只有这样才能够精准地找到文件位置，但是，以事物为中心进行文献资源检索不需要读者掌握学科体系的相关内容，读者只需要通过入口词寻找相应的规范主题词就可以进行文献的检索。

（三）文献资源主题标引的基本规则

如同我们在对文献进行分类标引时需要制订一系列的分类细则一样，我们在对文献进行主题标引时也需要制订一系列的主题标引规则，主题标引规则是标引人员在进行主题标引过程中所遵循的一个守则，对标引工作起着直接的导向和控制作用，它制订的科学和完善程度直接影响标引的质量。

为保证文献资源主题标引的准确进行，有两方面必须遵守的主题标引基本规则：选词规则和组配规则。

1. 选词规则

（1）标引时，首选与主题概念相对应的正式的、最专指的叙词。例如，标引"民办高等学校"时，要选用正式的专指主题词"民办高校"，不能用其属概念"高等学校"和"民办学校"组配。

（2）无专指主题词时，可选取词表中最接近、最直接关联的两个或以上的主题词组配标引。例如要标引《环境生物化学》，没有专指词，可以选用"环境化学"和"生物化学"两词组配表达。

（3）上位词标引。是指既无专指词，又不能组配标引时，可选用该概念最直接的上位词标引。例如《獭兔高效养殖教材》，因词表无"獭兔"一词，又无法组配，就使用其最直接的上位词标引为"兔—饲养管理—教材"，而不能用"家畜"标引。

（4）标引某主题概念时，如果没有专指词可用，又不能组配标引和用直接上位词标引时，可采用靠词标引，即选用与该主题概念关系最密切的词、近义词、反义词标引。例如《软式排球运动》就属于这种类型，故只能用"排球运动"来标引。

（5）如无法用以上四种方式标引时，可采用增词标引或自由词标引。增词标引须经词表编制机构认定。自由词标引则不受词表控制。

2. 组配规则

（1）需要使用概念组配的方式进行主题词组配。举例来说，《肾脏保健专家谈》，如果按照字面意思进行组配，那么应该是"肾疾病—保健—基本知识"，但是，这样是不符合规范的，按照概念组配应该是"肾疾病—防治—基本知识"。

（2）如果概念比较复杂，有更多的组配方式可以选择，那么应该优先选择交叉组配法。在无法运用交叉组配法的时候，可以选择使用限定组配法。举例来说，"企业财务管理"应该是"企业管理"与"财务管理"进行价差组配得到的，不可以使用"企业—财务管理"的限定组配方式。

（3）如果没有专指主题词，那么应该使用最能表示文献主题的主题词；如果有专指主题词，那么必须使用专指主题词，而不可以擅自使用上位词、下位词，这是为了避免越级组配。举例来说，《儿童维生素缺乏防治》，必须清晰地运用"维生素缺乏病"，而不可以使用它的上位词"营养缺乏病"。

（4）组配之后的结果一定是要清晰的，不能一词多义。例如，"高血压病"和"心脏病"不能组配成"心脑血管疾病"，因为"心脑血管疾病"是一个非常宽泛的概念，包括了多种疾病，而不仅仅是"高血压病"和"心脏病"。

第三节　图书馆文献编目工作及其优化

如今，图书馆文献编目工作面向的对象、采用的手段以及所处的环境都发生较大的转变，均需要确保适应社会发展，满足用户日益提升的阅读需求。当前，图书馆文献编目工作仍然存在一些问题，如员工无法适应新的转变、技术人才短缺、工作细则不规范、数据缺失、外包监管不力等。如何解决上述问题，成为图书馆文献编目工作亟待解决的课题。在对各种问题进行分析后，本书就提升员工工作素质、引进人才、加强基础设施建设、建立统一标准、加强联机联合编目、重视编目资源维护等发展策略，力求使编目质量能够得到大幅提升，促进图书馆的长期健康发展。

一、图书馆编目工作模式及流程

（一）图书馆文献编目工作模式

纵观图书馆编目工作的发展过程，编目工作分为四种，即分散编目、集中编目、联合编目、联机联合编目。图书馆文献编目工作模式对比见表2–1。

表2-1 编目模式的对比

	特点	优势	劣势
分散编目	封闭、单一、分散	统一采购、统一编目	流通性差，工作繁杂
集中编目	统一采购、统一编目	提高编目质量	时效性较差，工作量较重
联合编目	合作进行编目工作	提高编目质量和工作效率	合作成员管理困难
联机联合编目	信息资源网络共享、合作编目	覆盖面广、质量高、效率高	技术成本较高

从表2-1可以看出，编目工作模式从单一到联合、文献资源从封闭到共享、工作效率从低到高，体现了随着社会的进步和用户需求的提高，编目工作也随之发生转变，并且能够得到持续发展。

（二）图书馆文献编目工作流程分析

图书馆文献编目工作包含从接收文献到入库上架整个过程，主要工作步骤见图2-2。

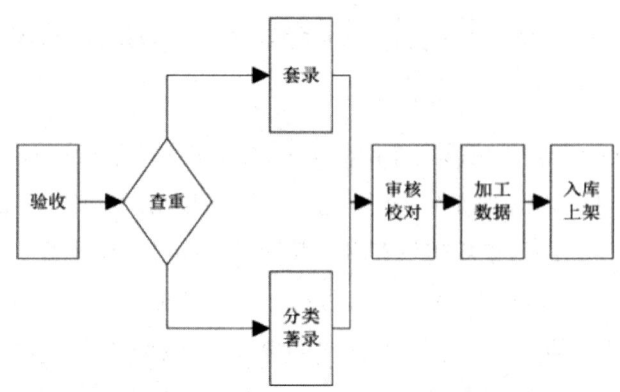

图2-2 图书馆文献编目工作流程图

编目工作人员在接收到文献资源时，首先要清点验收文献资源，并进行查重，检测编目对象是新的文献资源还是复本，若是复本则不需要进行编目工作，若是新文献则要进行分类编目、审核校对、数据加工等工作；其次将新进的文献放置在相应位置进行管理，整个编目工作流程要严格按照工作细则进行，确保编目工作的有效性，提高编目工作的质量。

二、图书馆文献编目原则及编目工作

（一）编目原则

无论是外包数据还是自编数据均需遵循一定编目原则。

1. 著录原则

以内蒙古工业大学图书馆的著录依据为例介绍，如表2-2。

表2-2　不同类型图书著录依据

文献类型	著录依据
中、蒙、日文图书	《普通图书著录规则》和《中文图书机读目录格式使用手册》
西文、俄文图书	《西文图书标准著录规则》
中文、日文期刊	《中国机读目录格式[CN-MARC]》和《中国文献编目规则》
西文、俄文期刊	《国际标准书目著录（连续出版物）》

2. 标引原则

文献分类标引原则依据《文献分类标引规则》（GB/T32153-2015），采用最新版《中国图书馆分类法》（目前为第五版）进行分类；主题标引原则依据《文献主题标引规则》（GB/T 3860-2009），采用《汉语主题词表》（中国科学技术信息研究所编，2014年）进行标引，并以《中国分类主题词表》（国家图书馆《中国图书馆分类法》编辑委员会编，2006年）作为补充。

（二）图书编目

1. 中文图书编目

（1）查重

运行Z39.50检索软件，对待编图书进行查重。主要方法有三种：ISBN号查重，仅限单部文献使用；题名查重，用于多卷、连续性出版物；其他方式查重，在前两种途径检索不到时使用。查重没有结果的，做新的书目数据；若是重书，则不做新的编目，直接以复本处理，在对应书目数据中添加财产号、书价等信息。

（2）著录标引

图书著录主要实行数据套录与原编两种方式。

套录方式主要通过检索CALIS联合目录或其他书目数据库，能检索到较完整MARC数据的，即可进行套录。首先下载完整数据，然后编辑、修改相应的

MARC数据之后，加入馆藏信息形成新书目并保存。套录时，除题名、责任者、出版社外，尤其应注意核对版本、出版年，以免因题名、ISBN相同而失误。有时在编文献只注明印刷年，没有出版年，应确认下载正确版次的记录。如果CALIS正式库中同一种书有多条记录时，按下列原则选择数据：①著录质量高的记录。一般可参考显示的简编书目信息，以及原始编目机构/记录提交机构的信息进行选择。②应当整套著录的多卷/连续性出版物，选择整套著录记录。③应当整套著录的多卷/连续性出版物，如无整套著录记录，宜选择最先提交的单册记录并按整套著录规则加以维护。

原编一般适用通过各种途径在各书目数据库中均检索不到记录，或无类似记录可供套录修改时，应进行原始编目，也称为"原编"，原编数据通常包括：ISBN号、价格、题名、责任者、出版社、版本、出版年、主题词、分类号等基本信息。

其他类型图书编，其编目流程与中文图书编目流程相同。

2. 期刊编目

（1）续订现期期刊（现期期刊简称：现刊）

续订现刊使用的是已有的合订刊数据，不需要重新编目。即在订购时就在"连续出版物"模块对数据进行查重，找到相应的合订刊馆藏MARC数据，进行匹配。

（2）新增现刊

①著录依据

以该刊版权项为准、同时参考封面、刊名及刊脊和正文卷端记载。封面与刊名页不符时，以刊名页为准。

②著录项目

包括标目项、刊名、副刊名（不得随意省略）、编辑机构、出版地、创刊年、附注项、馆藏卷年等。

③著录数据

期刊著录包括套录与原编两种方式。

套录数据主要针对新增订期刊的MARC编目数据从《中西文联合目录》光盘或通过汇文系统嵌入的Z39.50协议套录，编目数据尽量从规范信息源处获取。核查、修改套录数据最基本的字段内容。

原编数据适用MARC数据无法套录的新增期刊，在订购阶段可进行简单编目（著录项包括ISSN号、题名与责任说明项、订购号项、编码、连续出版物项、出版频率、中图分类号、馆藏信息项等基本字段），在合订刊加工阶段如仍无法套录数据，则需按照具体要求进行详细著录。

3. 合订刊编目

已有馆藏的合订刊使用已有的馆藏数据，新增合订刊如果现刊阶段已经有详细著录数据，则使用该数据；如果没有详细著录数据，则按照具体要求进行原编著录。当刊名、编者、出版频率及邮发代号或其他信息发生变化时，及时对MARC数据进行修改维护，同时在订购模块中对其进行相应修改。

三、图书馆文献编目工作发生的转变

当前，在网络技术和信息技术跨越式发展的影响下，人们工作、生活、学习等各方面都已逐步发生转变，图书馆的编目工作也是如此。图书馆信息资源的井喷式增长，给文献编目工作带来了极大的挑战，同时也增加了图书馆的工作压力。因此，图书馆文献编目工作要紧随时代发展的步伐，不断完善和创新，提高图书馆文献编目工作水平，确保图书馆实现持续健康发展。

（一）图书馆文献编目对象发生变化

传统上，印刷类型的文献是图书馆文献编目工作的主要对象，由于这类馆藏资源在数量和种类上相对明确，编目工作相对单一。然而，随着互联网覆盖面的不断扩大和移动终端设备如电脑、手机、掌上电脑等的广泛应用，数字化阅读量逐年上升，人们可以通过移动终端设备轻松搜索到所需信息。导致电子图书、网络文献、音像制品等新型文献逐渐取代了印刷类文献在图书馆中的主导地位。图书馆馆藏资源逐渐呈现出多元化发展的趋势。

（二）图书馆文献编目方式发生变化

传统图书馆文献编目工作是在图书馆实际发展情况与国家相关法律法规相结合的前提下，制订相关工作规定，在某一固定工作地点，通过人工操作对馆藏文献资源进行整理及加工。此项工作极其繁杂且耗费大量时间和精力，也难免会出现大量错误。随着网络技术的发展，以往需要人工操作的工作逐渐被计算机所替代，不仅可以节约时间，还能够节省人力、物力、财力，更提高了编目工作的准确性、有效性，进一步推动了图书馆的资源建设。

（三）图书馆文献编目环境发生变化

传统图书馆文献编目环境是在比较封闭的环境中进行，各馆之间没有建立有效的沟通，各自有各自的编目标准，标引、著录等工作呈现多样化发展。而在网络信息技术得到有效运用后，编目工作环境更加开放，特别是在图书馆开展联机联合编目后，逐渐制订了相对统一的编目标准，也使编目成果能够得到及时共享。

四、图书馆文献编目工作存在的问题及优化

（一）图书馆文献编目工作存在的问题

1. 图书馆现有工作人员未能适应新转变

目前，图书馆现有工作人员因其技术水平低甚至完全不懂相关技术，面对网络技术的迅猛发展以及实际工作中对相关技术的运用要求，一时之间无法适应编目工作的转变，也不能满足编目工作的新要求。

2. 图书馆技术型人才短缺

造成图书馆技术人才短缺的原因主要有以下两个：一是人事制度改革缓慢，激励机制欠缺。图书馆编目工作对年轻的技术型人才缺乏吸引力，造成部分图书馆的员工队伍年龄偏大，缺少掌握先进技术的人才，妨碍了人才队伍建设。二是经费严重不足，相关工作无法顺利开展，不仅难以引进技术型人才，同时也无法留住真正有技术的工作人员，导致图书馆人才队伍建设停滞不前。

3. 图书馆文献编目工作细则不规范

图书馆文献编目细则是确保编目工作顺利开展和保证编目质量的基础，工作人员应严格遵守编目工作细则开展编目工作。但从目前情况看，各馆均根据各自工作情况，各自对编目工作的理解制订编目细则，缺乏规范性。例如，不同工作人员在遇到相同的问题时，会根据各自对编目工作的理解采取不同的解决方案；在著录标引时，一些工作人员也会采用简洁的方式达到快速编目的目的。这些情况会造成编目数据差异化较大，降低编目质量，给用户查询和检索带来不便，影响用户体验。

4. 图书馆文献编目数据存在缺失情况

图书馆编目数据信息是否完整，决定了编目信息能否得到充分利用。一些工作人员为了追求工作效率或对相关文献没有进行全面了解，在进行著录工作

时只著录核心字段，造成编目数据描述模糊、信息缺失。这种情况在短期内会给用户检索带来不便，也会对今后的编目数据维护造成阻碍。

5. 图书馆文献编目项目外包管理不够完善

图书馆在文献编目业务外包过程中，因外包商资质良莠不齐，图书馆与外包商之间也会产生诸多问题：首先是数据质量不过关。外包商在下载套录数据时，未能及时修改已存在的错误。图书外包商在进行编目工作时，多数会忽略查重工作，导致多卷书、再版书产生同书不同编号的情况发生。其次是一些外包商一味追求工作进度，员工工作态度敷衍，导致产生图书馆藏章不清晰、条码或标签错贴或漏贴、标签贴得不平整容易掉落等问题。此外，外包商的工作人员流动性强，加剧了管理和培训的难度。

（二）图书馆文献编目工作的优化措施

1. 提高现有工作人员的业务素质

专业性越来越强的图书馆文献编目工作要求编目工作人员不仅要了解编目的基础知识和相关规章制度，还要熟练掌握和灵活运用相关技术。图书馆应鼓励现有的编目工作人员继续深造，同时要根据自身发展需要制订培养计划、确定培养对象、安排相关培训等，为编目工作人员提供学习平台，提高编目工作人员的业务能力，并能及时了解编目工作的最新发展动态，确保编目工作人员能够适应图书馆文献编目工作的转变，提高编目工作效率。

2. 引进专业技术人才

目前，在网络技术的支撑下，图书馆文献编目工作需要大量技术型人才。负责编目的工作人员除了掌握检索、查重、校对等基础工作，还要掌握设备和网络的保养与维护技术，熟悉数据修复相关知识，具备突发情况应急能力。图书馆应加强技术人才队伍建设，积极出台相应的人才引进策略，如住房保障、子女入学帮助、生活补贴、落后政策等，同时还要制订合理的奖励机制，助力图书馆人才队伍建设，确保图书馆文献编目工作的稳步开展。

3. 建立统一编目标准

在遵守国家相关标准的前提下，图书馆应根据自身馆藏编目工作情况，做出细微的调整，根据馆藏特色进行分类，避免产生分类差异、分散放置等情况，以方便用户查阅。此外，因一些文献涉及多个领域，图书馆要在开展编目工作时作出具体规定，确保文献归类一致，提高文献使用效率。

4. 开展联机联合编目

在网络技术环境下，各馆之间应加强联机联合编目工作。图书馆文献编目工作要顺应时代发展趋势，充分利用中国高等教育文献保障系统，不仅能够套录和复制系统中的相关记录，还能下载外部数据，最终实现资源共享，使编目资源能够得到有效利用，同时也提高了图书馆文献编目工作的质量和效率，保证图书馆文献编目工作的正常开展。

5. 加强校对工作，提升编目质量

图书编目后的校对过程是提升编目质量的关键手段。编目工作人员难免在工作中产生错误，校对和修改能够有效解决这类问题。通过对文献名称、ISBN编号、作者信息等进行查重，再根据实际产生的错误进行修改、合并或删除，可以提高编目质量。

6. 注重用户反馈，加强数据维护

为了给用户带来更舒适的阅读体验，在文献被开放使用后，图书馆应重视用户的反馈信息，及时维护文献相关数据信息，提高编目工作的质量。因此，负责编目的工作人员在日常工作中要加强与文献流通部门的沟通，持续收集用户的反馈信息，对相关问题进行核实后，及时有效地加以完善和改进。此外，编目人员对数据实施动态维护也是重中之重，同时，图书馆还要制订相关的规章制度、工作细则等，确保用户反馈的问题能够得到有效解决。

7. 重视编目外包工作

图书馆文献编目工作外包能够有效解决图书馆人手短缺的问题，但图书馆文献编目工作人员不能因此放松，要加强对图书外包商的技术指导，确保编目数据的质量，使图书馆得到更好的发展。

（1）加强合作培训，提高外包商的编目水平

由于外包商工作人员的编目水平参差不齐，缺少相关理论指导，如果仅根据个人工作经验对文献进行编目，会影响编目质量。图书馆应重视培训外包商工作人员的技能，制订外包工作规范，促使外包编目人员提高编目理论水平，增强对编目工作的重视程度，从而提高编目质量。此外，图书馆要经常对外包编目工作进行检验，确保能够及时发现问题，并由双方共同制订解决方案。

（2）加强细节管理，保证外包编目的质量

图书馆在选择外包商时应先对其公司资质、工作经验、服务水平等情况

进行评估，尽量选择公司规模较大、业务水平过硬的公司。外包模式包括完全外包以及不完全外包。完全外包，优点是馆员省时省力，但缺点是编目工作容易出差错。不完全外包的优点是图书馆可以将编目核心工作掌握在自己手中，避免因外包商为了赶工期而忽视对主题词、分类细则的研究，也避免因此所产生的查询不到的情况，提升编目质量。无论哪种形式的外包，在整个外包过程中，图书馆都要对每一个环节加强管理，确保提升编目数据的质量。

（三）图书馆文献编目工作的优化流程

当前，随着图书馆整体人数的缩减，很多图书编目工作都采取外包形式，以内蒙古工业大学图书馆为例，当前外包情况下，其编目工作流程图如图2-3。

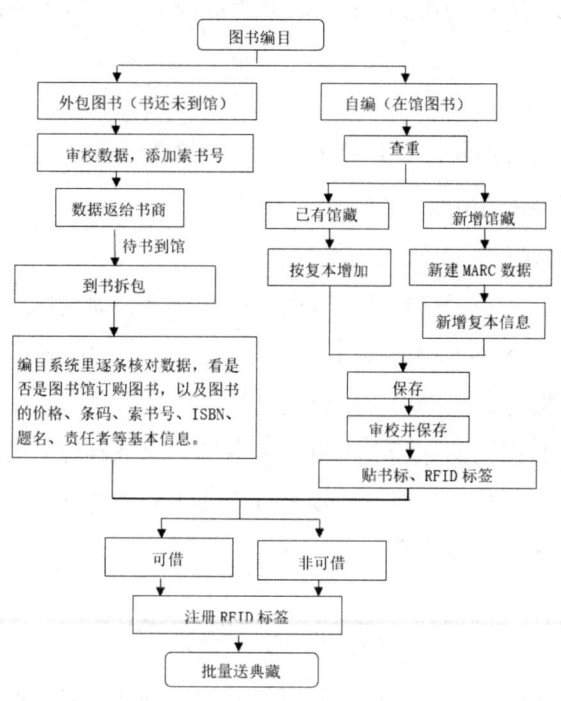

图2-3 编目工作流程图

随着发展，编目外包的形式也在不断发展优化，比如可以将当前外包图书改为到馆加工模式。还可以尝试扩大外包，延伸到验收和初加工环节。

（四）图书馆文献资源编目数据审校

1. 审校对象

需审校的编目数据主要包括图书馆自编数据和外包数据。

2. 审校人员

编目审校人员、编目总负责人,分别负责初审和终审。

3. 审校依据

依据编目过程中的著录依据和标引依据,以及本馆制订的分编细则,审校所有著录项目,尤其是易出错项目。

4. 审校要求

对所有著录项目及索书号、条码号逐一进行严格检查,发现问题及时更正,以内蒙古工业大学图书馆为例,分类差错率需控制在1%以内,数据差错率应控制在10%以内(有研究资料显示,国内外编目业务外包数据差错率应控制在10%~15%左右)。通过对书目数据的审校,确保馆藏书目数据的系统性和一致性。

5. 审校方式

数据的审校,采取程序审校与人工审校两种方式,可以采用单一的方式进行,也可以采用多种方式综合进行。

(1)利用系统检错功能进行数据检错

这是一项主要侧重于馆藏信息方面的检错功能,即利用系统本身的检错、纠错功能,在设置系统检测参数的前提下,对所录入的数据从形式上进行审校。这种软件校对方法最常用,不仅速度快,而且可以及时发现人工审校难以发现的问题,如数据的国际标准书号、索书号、馆藏号等方面的录入错误。还可以设置更多的系统检测参数,如规范责任者文档、主题信息文档等,进行更高层次、更有质量的系统检测。

(2)与原书校对

这是一种最为直接、准确的审校方式。数据一旦出现问题,可以与原书直接进行校对。一般情况下,只有对所审校的数据有疑问时才取原书进行校对,这样可以有效地提高工作效率。

(3)利用网上联机公共目录查询系统校对

网上的公共目录查询系统,如国家图书馆、首都图书馆、上海图书馆或是高校图书馆等权威单位提供的联机公共目录查询系统,可供查询的资料、数据都比较完整,基本上揭示了文献的特征。利用这些公共目录查询系统,通过彼此数据之间的参照、对比,找出异同,对有较大出入的数据,可找出原书进行正确的著录修改。

6. 审校内容

（1）分类标引

对分类标引的审校，需严格按照文献分类标引的基本规则，遵照本馆对文献分类、标引的特殊要求，以文献内容的学科或专业属性为主要标准，分析文献的分类、标引是否体现了文献的专指性、实用性、一致性原则。同时，对涉及多主题、多学科内容的文献，要注意是否作相关的互见、分析分类标引，以体现标引的全面性，隐性文献主题是否作了相应的揭示标引等。

①分类标引的一致性

同类文献分类标引前后要一致，同一主题概念之间的分类标引也要一致。在审校时要认真查重，对于已经采用了一种方法著录的，后面的需要延续，以保持书目数据的统一性和连续性；发现有不一致的要及时更正。分类标引不一致的主要形式有同一文献不同的标引人员归类不一致、同一个人在不同时间内归类不一致等。

②分类标引的准确性

要求对文献的辨类、归类准确无误。利用《中国图书馆分类法》，按照文献分类标引规则、文献分类标引工作程序，将文献归到最切合其内容而又用途最大的类。文献分类标引不准确主要表现在：分类标引结果不正确，分类标引结果没有达到最佳（分类不充分，主题揭示不充分）。审校时应逐条与《中国图书馆分类法》核对，确保归类准确。

对于交叉学科、边缘学科的文献，多主题、多属性文献，分类标引时应以文献中最有价值的主题作为辨类依据，根据学校的专业特点和本馆的藏书体系，以及读者群的特征和读者的检索习惯，利用机读目录分类标引的特殊功能，把文献中有价值的多个主题充分揭示出来，提供多个分类检索点，指引读者从不同的类别角度检索到所需文献。

（2）主题标引

主题标引要求准确、一致、适度，对主题标引的审校应依据《汉语主题词表》和《中国分类主题词表》进行。对标引不正确、标引不全、用词不准确等错误，应进行修改。

①主题分析不准确

主题分析不准确，导致提炼的主题概念有误差，不能进行正确选词，从而影响标引质量。

②主题分析不全面

对于多主题文献，其中有一小部分较为重要，或占到全部内容的20%以上，按照规定，应对文献中的这部分有较大参考价值的内容进行标引，不能漏标文献的局部主题或隐含的主题。应充分揭示其他主题，提供多个主题检索点。

（3）书目著录

审校文献是否规范著录，主要审校九大著录项目（ISBN、题名与责任者、版本项、文献特殊细节项、出版发行项、载体形态项、丛编项、附注项、提要项），即著录用符号、著录文字是否做到科学、规范，是否与《中国文献编目规则》相符，MARC字段的理解与著录是否正确等。同时注意是否省略了必备字段的著录，是否简化了著录款目，著录字段是否完整、规范，是否客观如实地著录，是否随意改动了著录内容，是否符合文献的特征，指示符使用是否恰当以及主要相关字段的联系与对应。

（4）种次号、著者号审校

新版图书种次号、著者号由系统自动给予，只要分类号正确，则一般不用审校。多卷书、年度出版物、不同版本的图书需要特别审校。审校第一步需查重，查重时以"书名"或"书名+责任者"的方式检索，对变更书名的不同版本图书应以第一版书名查重，标有年代的出版物应去掉年代查重，以繁体字著录书名的图书应以简体字书名查重，如此才能保证查重时的查全率和查准率。

7. 审校处理

审校中发现问题，可参考不同类型文献编目细则中的相关内容作相应处理。

8. 外包数据审校的其他规定

外包数据由供应商提供，除按照上述内容进行审校外，在新书到馆前完成书目数据中馆藏数据的添加和数据初校时，重点审校题名与分类号是否对应，主题词标引是否正确；在新书到馆验收时，按照每本书的具体内容，与书目数据一一核对，重点审校价格是否正确，分类号是否准确，及时发现错误完成二校。如出现错误，返回图书供应商修改。新书验收后，最后进行总校。一定要把好数据审校关，确保数据的准确性。

（五）中央书目数据库维护

1. 维护目的

保持数据库信息与实体馆藏信息一致。

2. 维护人员

编目人员、编目总负责人。

3. 维护要求

（1）编目人员在编目工作中，随时维护，发现问题及时解决。

（2）记录维护的项目和内容，作为备份，便于查询。

（3）编目人员完成维护内容后，进行自校，再由编目总负责人进行集中校对（总校）。

4. 维护内容

（1）对于冗余数据，应按照MARC记录号逐条合并。

（2）对于文献类型错误的，按实际情况做相应修改。

（3）对于条码号有误的，及时修改数据，并对相应图书条码进行统一更改。

（4）对于分类、标引明显有误的书目数据，需重新标引和修改，并对原书刊相关书标等进行相应修改。

（5）对于丛书，应集中著录还是分散著录，需根据文献情况作具体分析，著录不当的，要进行修改。

（6）对于种次号不连续的情况（历史原因造成的），维护人员和编目人员需同阅览室工作人员商量后，确定是否需要补齐、补全种次号，确保种次号的稳定、连续。

（7）对于赔书，如发现没有提交流通的数据，在"编目"模块，进入"回溯状态"，修改流通状态为"可借"。

（8）对于索书号有错误或有重复的情况，编目人员需要修改，同时更换相应纸本图书的索书号。

第四节　图书馆文献资源的加工与管理

图书馆文献资源的加工与管理就是将已经收集入藏的文献资源，按照一定的要求，进行登记、调配、典藏和保护等工作过程。其目的在于保持馆藏文献处于良好的工作状态，充分有效地为读者所利用，长期完整地保存下去。

一、文献资源验收登记

（一）验收步骤

采购、捐赠的文献到馆后，首先要进行的是验收环节，主要分三个步骤：

（1）对整批新到馆文献进行检验，先核查到馆图书清单和采购清单是否一致，核对内容主要包括单价、种数、册数、总金额等方面，检查是否有少发、多发、错发及搭配现象，然后和发票核对，做到清单、发票和实物一致。

（2）对新到馆的每种书进行逐一核对，主要核对单价有无问题，是否有印刷质量问题（如破损、缺页、重页、倒装等），还要核对书中内容是否有错误，有无不适宜学生阅读的内容。如果有问题，需要及时联系馆配商进行退换。

（3）核对后，采购人员对发票与清单进行下一步的处理。

（二）文献登记

登记也称登录，凡是新到馆（含捐献）文献与剔除文献都需要进行登记。登记要完整、准确、及时，全面反映各个时期馆藏入藏与剔除情况，保证与实际馆藏一致，便于按年度或学期进行统计与清点。登记主要包括总括登记和个别登记两种形式，各个图书馆的规模大小不尽相同，文献登记可以根据本馆情况进行不同的设计，但这两种基本登记制度是不可缺少的。

1. 总括登记

总括登记是对新到馆或剔除的文献批量进行的财产记录工作，反映各个时期入藏文献、注销文献和实有文献的情况，通过总括登记可以统计各类文献数量与购书经费分配情况。

总括登记有三个组成部分：入藏部分、注销部分和总结部分。这三部分记录分别反映在"馆藏总括登记簿"中。

（1）入藏部分

入藏部分必须登记每批文献的验收凭证，每批文献的总册数、种数、总金额，各类别、各类型、各文种文献的总册数与金额应该分类统计。

（2）注销部分

注销部分必须登记每批剔除文献的批准文据，每批注销文献的总册数、种数、总金额，各类别、各类型、各文种文献的种册数及金额应该分类统计。同时，注销的文献应该注明具体的原因：如不实用、多余复本、过时、破损或丢失等。

（3）总结部分

总结部分必须登记按年度统计的各类别、各类型、各文种文献的实存累积数量，全馆实存书刊累积总数等。

文献资源收藏类型、载体复杂的图书馆，往往有多个总括登记簿，一般按文种、文献类型和载体分别建立总括登记簿。

通过总括登记，可以了解和掌握全馆馆藏文献发展的总动态，统计分析各类文献发展变化的数量比例，检查购书经费的分配使用情况，为制订和修改馆藏补充计划和馆藏发展规划提供精确的统计资料及可靠的书面依据。

2. 个别登记

个别登记又称"分登记"。文献经总括登记后再以册（份）为单元进行的入藏登记。

登记内容包括：登记日期、个别登记编号、文献名称、著者、出版者、版次、页数、单价、文献序号（如国际标准书号、专利号、标准号）、总括登记号等。

个别登记簿是入藏文献的财产账，是清查某一文献入藏情况的主要依据。经过个别登记后的每一份文献都有自己一个特定的号码，即个别登记编号，它一般写（印）在登记簿上、文献上及主要目录卡片上，在文献的编目、贮存、传递使用中将经常使用。由于文献的类型和文种多种多样，因此在进行个别登记时一般都采取分开登账、分别编号的方法，根据本单位划分入藏文献的实际情况设置相应的登记簿，如按中文图书、外文图书、中文期刊、外文期刊、特种资料、内部资料、声像资料、缩微资料等分别设立登记簿。

个别登记号必须以册（件）为单位，一册一号，杂志、报纸装订成合订本后，每本给一个号。登记号的编制可以采用大流水号，即按文献入藏的先后登记次序，依次给号，登记号不能重复。

传统的个别登记是以册为单位，一册一册地登记。这样在进书量很大、复本量多以及剔除注销量很多的图书馆，登记要耗费大量的时间和精力，效率比较低。为此，有的图书馆改革登记方法，简化登记形式，将每册文献的登记改为每种文献的登记，注册每种文献的复本数的个别登记号的所有号码，从而大大提高了登记速度。不过，这样的登记，如以后分批剔除时，注销较麻烦。

此外，对那些不准备长期保存使用的复本文献资料，采用临时性简化登记的形式，登在非财产登记簿上，便于日后注销。

个别登记的特定功能是总括登记所不能代替的，它反映了每种具体文献入藏与剔除的动态，作为清点和补购文献的依据。馆藏文献登记的发展趋势，是登记项目、登记单位、登记格式的规范化、登记文本与登记形式的统一化，登记方法与登记手段的自动化，分散、烦琐、落后的馆藏文献登记工作，势必要被科学、统一的馆藏文献登记管理体制所代替。

总括登记与个别登记的作用虽然不同，但它们互相联系，互相补充。总括登记号码是连接个别登记的关键所在，因此，总括登记号码在两种登记中都应当记录齐全。如果要了解一批书的具体情况，就可根据个别登记的起止号，在个别登记的账上查找；反之，如要了解某一册（件）文献的来源，则可按该文献的总括登记号在总括登记簿上查找。

（三）图书加工

1. 盖馆藏章

经过登记后的新到馆文献要在每册（套、张等）实体馆藏上盖馆藏章。馆藏章一般由各图书馆自行设计，反映了各图书馆某一时期的设计理念。盖章位置通常在文献封面、图书书名页或书内某固定页，也可以盖在书口，馆藏章要清晰可辨。各馆一般都规定了馆藏章的盖章位置，严格在规定的位置盖馆藏章。

2. 贴条形码

粘贴条形码是文献加工的一道工序。条形码是每个单元文献的机器可读的唯一标识，可以购买或自行打印。常规的条形码第一行注明"××图书馆"，

第二行是条码，第三行是条码号。条码的粘贴也要形成规范，既要方便粘贴，也要方便借还文献时使用，有的图书馆规定贴在封底，用透明膜覆盖以防止脱落或磨损。

3. 贴磁条

在文献加工中还有一个环节，就是贴磁条。磁条的作用是防止文献失窃，需要门禁系统的支持。贴磁条的时候要注意隐蔽，以不容易被发现为目的。随着RFID标签的使用，有的图书馆开始不贴磁条了。

4. 贴RFID标签

随着RFID技术在图书馆的应用，很多图书馆将RFID标签应用于自助借还设备，并且通过读取RFID标签进行图书清点、整架，因此在图书加工中粘贴RFID标签也是一个重要的环节。为方便设备读取，要规范标签粘贴位置、高度，一般粘贴在封底内页中上方。贴完标签还要进行馆藏文献简单信息的转换。

5. 贴书标

粘贴书标是文献加工的重要环节，直接影响文献的利用。新到馆文献经过分类编目后形成针对各种文献的索书号，在附件加工环节需要根据文献册数打印书标，书标打印需要制订规范。书标上的索书号可以打印为一行，分类号与后面的号码之间用"/"进行分割，如果书比较薄，顺着书脊粘贴书标容易被一次读取到；索书号也可以打印为两行，分类号一行，种次号与辅助区分号一行。粘贴书标时需要按照本馆规范进行，一般情况下，书脊上的书标需要粘贴在靠底部上方2cm位置，保证上架后书标不但整齐美观，并且容易浏览与整理。为防止书标脱落或磨损，通常在书标上加贴一层透明膜。

二、文献资源移送典藏

加工完毕的图书需要提交典藏，典藏分配完毕，图书才能真正进入阅览室与读者见面。文献典藏是指对馆藏文献进行科学性的调配、清点、注销、统计等工作。现在的图书馆，尤其是高校图书馆，往往有多个阅览空间，多个校区分布，科学地典藏非常有必要。

（一）典藏原则

1. 方便性与实用性原则

依据文献的内容、载体类型、馆舍空间情况以及实际需求，科学性地调配文献。

2. 连续性原则

文献典藏要遵循各个馆藏地自身文献结构特点，维护其特色，防止调配混乱，方便读者查找。

3. 时效性原则

文献典藏必须及时，控制时滞。

（二）典藏操作流程及规范

1. 新书分配原则

（1）要考虑不同类型图书读者的需求情况。如专业图书的分配按该专业所在校区进行分典；基础课及公共课教学资料、工具书、人文社科类图书一般按校区进行分典，也根据实体空间情况适当调整。

（2）字典、词典以及专业性的独本书或复本少于等于2册的图书，根据具体情况分典到该专业所在校区的相应阅览室。

（3）检索性的工具书需根据学科性质分典到相应校区。

2. 图书典藏操作规范

（1）新书典藏

①新书验收：典藏工作人员应对分编加工过的图书进行核对，批次、种数、册数与交割单相符，书标粘贴正确、图书完整无散页、编目正确，方可验收。

②分配图书：根据本馆图书分配原则和各书库、阅览室功能定位，将分编加工好的新书，进行册录入，建立馆藏书目数据。

③根据馆藏变动完成相关书库和阅览室的图书调配工作，及时对图书做"典藏更改"。

（2）图书清点

图书清点是图书馆的重要基础工作之一，有助于摸清家底，掌握馆藏实际情况，提高图书馆管理质量和服务水平。清点工作需首先成立清点小组，组长一般由主管副馆长兼任，组员由部主任和业务骨干组成。确定清点目标、原则、方法，制订清点方案、步骤，培训工作人员。

（3）图书调拨

一般因馆藏布局或学校学科布局调整，需将某类或某几类图书集中调拨至另一馆藏地。同时可根据文献借阅率调查统计结果，将一些内容陈旧过时或复本过多、长期滞架的文献调拨至密集书库。这些工作一般由部主任、业务骨干及相关阅览室工作人员组成调拨工作组。制订调拨方案，分配工作任务，有序实施。

（4）图书剔旧

剔旧是指将馆藏中陈旧且无利用或保存价值、丢失、自然损坏图书进行注销。典藏人员负责各阅览室图书剔旧的把关及书目数据库的剔旧注销工作

（5）馆藏统计

一般固定间隔时间按种数、册数、学科、阅览室、文献借阅量等项目统计馆藏情况，一般以每半年统计一次为宜，同时可根据需要增加统计项目。将统计结果反馈资源建设部门，为后续采访工作提供参考。

三、文献资源的排架

（一）排架概述

一般把新入馆文献排列在书架上称为"排架"，把使用过的文献正确放回原来的排架位置称为"归架"。排架的正确与否直接影响到文献的利用率，因此很多地区都将排架作为评估的一个指标，有各自具体的要求。

1. 排架遵循的原则

（1）新到馆文献应及时上架供用户使用。

（2）方便取书归架，节省时间和劳力。

（3）便于用户和工作人员直接在书架上按类浏览馆藏并利用馆藏。

（4）建立准确清晰的排架标识，减少误差，提高藏书利用效率。

（5）有效利用书库面积，减少倒架。

（6）热门文献或专题文献可以单独排架并做好引导标识。

2. 排架方法

依据文献的特征标志，可分为两种：一是以文献内容体系为标志的内容排架法，包括分类排架和专题排架，其中以分类排架为主；二是以文献形式上的不同特征为标志的形式排架法，包括字顺排架、固定排架、登记号排架、年代排架等，其中以字顺排架、固定排架、登记号排架为主。除固定排架和登记号排架外，其他方法通常需要多种标志结合使用。

选择排架法要考虑用户使用的具体要求和条件。一般来说，图书多按分类或专题排列，期刊多按分类、刊名字顺、年代相结合排列，各种资料、特种文献多按专题或文献序号排列，缩微视听资料多按分类、专题或资料盒顺序号排列。闭架基本书库、密集书库等则以固定排架为主，也可采用分类排架。

此外，还要注意馆藏文献排架时不要太满，要方便用户利用和馆员上架、下架、串架，排架时要合理利用书档，以免文献倾斜在书架上，造成物理形态上的损坏。大开本的文献需要平置在架上，注意摆放厚度，以方便利用。

（二）分类排架法

分类排架法是按照文献本身内容所属的学科体系排列馆藏文献的方法。由于这个体系与图书分类法体系相一致，因而分类排架就是将馆藏文献分门别类地按图书分类号顺序排列，把同一类号的文献集中排列在一起，同一类号下的不同文献再按书次号排列。常用的书次号有著者号、种次号、书名字顺和个别登记号等。每种文献分类排架号都是由分类号和书次号构成，分类号代表图书内容所属的学科类目，书次号代表同类文献的区分号。排架时先按分类号顺序排列，分类号相同，再按书次号排列，一直区分到同类文献的不同品种。

1. 分类排架法有其独特的优势

（1）通过《中国图书馆分类法》将文献按学科体系组织起来，使馆藏中相同内容的文献能够集中在一起，或按入馆顺序排列，或按作者排列。

（2）现在大多数图书馆基本上实行开架借阅，分类排架法便于用户在书架上按类浏览相关馆藏，有宣传和推荐馆藏的作用。

（3）便于工作人员按类或其上位类了解相关馆藏。

2. 分类排架法的缺点

（1）利用分类排架号进行排架，需要在书架上按馆藏发展规划预留出一定的空位，以便新入馆文献的上架，并且需要定期倒架，保证预留出一定的空位。

（2）《中国图书馆分类法》会定期进行更新，当分类号被归入某类或再细分时，分类排架号需要相应地进行更新。

分类排架号也称"索书号"，决定了每一册文献在书架上的排列位置。在图书馆评估指标中对排架准确率有一定的要求，利用分类排架号进行排架需要进行一定的培训。

（三）其他排架法

1. 专题排架法

专题排架法也是按文献的内容特征将一定专题范围内的文献集中排架的方法。它是将图书馆的馆藏文献按专题范围划分并组织排列起来的方法，通常具有专题陈列、专题展览性质。它与分类排架法不同，分类排架是将文献按学科体系纵向层面展开，专题排架则是将文献按横向范围集中，它打破了学科隶属界线，将分散在各个小类，甚至大类下的同一专题的文献集中在一起，向读者宣传推荐，特别是对从事专题研究的科技工作者，专题排架比较方便他们获得与某一专题有关的各方面的资料。

专题排架法一般不给馆藏文献标注专题排架号，只作为临时性排架。各专题之间也有必然联系，因此，专题排架法机动灵活，适应性强，通常在需要的时候用来宣传某个专题或某一体裁的馆藏文献，不用于排列大量的基本馆藏文献。

2. 固定排架法

固定排架法适用于非常规性资源，如图片资源、馆藏珍品等。固定排架号由馆藏地号、书架号、格层号、书位号组成，按照同馆藏地的文献入馆顺序进行分配，一般情况下排架号不会变动。固定排架法虽然不利于同类文献集中排列，但因按同馆藏地的文献入馆顺序进行编号，不需要预留空位，能够有效利用馆藏空间，也不需要倒架，清点馆藏文献相对容易。

3. 登记号排架法

登记号排架法是指按照馆藏文献个别登记号顺序进行排架，个别登记号是文献的唯一编号。登记号排架法同样不利于同类文献集中排列，但排架号比较简单，易于排架，不需要预留空位，能够有效利用馆藏空间，同样不需要倒架，很容易清点馆藏文献，方便查找、归架。

四、文献资源的馆藏复选

馆藏复选，是图书馆根据一定的原则和标准，对馆藏文献进行筛选、调整和剔除的过程。复选是文献资源建设过程的继续，并为馆藏补充提供依据，是文献资源发展的重要内容之一。

(一)复选目的及标准

1. 复选目的

(1)缓和有限的存贮空间和不断增长的馆藏之间的矛盾,增强馆藏存贮空间的实用性,节省文献存贮空间,降低馆藏成本。

(2)优化馆藏。通过对已入藏文献的选择,了解馆藏的利用情况和物理状况,从而确定馆藏文献的馆内调配、剔除或复本增加策略,实现馆藏的合理配置,提高馆藏的质量和活力。

(3)活化馆藏,提高馆藏的利用效率和服务效率。

(4)对图书馆业务工作系统进行调节控制,使馆藏布局和馆藏结构更趋合理、系统与完善。

(5)调剂余缺,有利于文献资源的整体布局。

2. 复选标准

图书馆开展馆藏复选工作时,视不同类型文献和具体目的,参考以下内容来制订文献复选的具体执行标准和范围。

(1)内容标准

以文献内容为复选标准。主要包括:内容陈旧过时,已为新的出版物所取代;内容重复,已有新的修订本或新的版本;内容已不符合本馆方针任务和不适应本馆需要;内容不适于公开流通等。

(2)物理标准

以文献的外观、印刷质量或介质为复选标准。对于印刷型文献,主要包括:外观陈旧影响使用;纸张、印刷、装订很差;污损、残缺、变质影响阅读;多次修复无法再使用;等等。对于视听文献、缩微文献和电子文献,主要包括:制作质量差,阅读设备已无法正常读取;已老化、变质或变形;记录内容已部分或全部被抹去或破坏;等等。

(3)使用频率标准

以一定时期内的流通、阅览、检索或下载次数为复选标准。确定在一定时期内流通、阅览、检索或下载次数少于规定次数的文献作为复选对象。

(4)复本量标准

以文献复本量多寡是否符合用户需求为复选标准。包括两种情况:多余复本(含重印本,以及只是出版地、日期或印次不同的复本)和复本不足。

（5）滞架时限标准

以文献在两次流通之间（包括最后一次流通至今）滞留在书架上未被使用的时间长度为标准。滞架时限是确定流通书库中文献馆内调配和去留的最佳标准。

（6）书龄标准

以文献的出版日期、版权日期、印刷日期、采购日期或进入流通日期至复选时所经历的年限作为复选标准。书龄标准是确定馆藏复选的年代范围的主要依据。

（7）替代标准

以不同类型文献之间的相互替代性作为复选标准。主要考虑电子文献对印刷型文献的替代性，如果替代性高，则可剔除相应的印刷型文献的品种或复本。

（8）语种标准

以馆藏文献的语种为复选标准。主要包括：文献语种与本馆用户掌握的语种状况不一致；无人问津的语种；译自中文文献的不常用语种版本。

（9）保障标准

以文献的保障要求作为复选标准。对于馆际协作计划确定的由本馆保障的文献或馆藏体系明确要求保障的文献，不进行复选或仅剔除多余复本；其余文献均属于复选的范围。

（二）复选方法

馆藏复选的关键在于找出馆藏中用户多用、少用、不用或无用的文献进行补充、调整和剔除。对馆藏文献进行审查、鉴别和复选，必须依据馆藏复选标准，综合运用各种馆藏复选方法。

1. 经验判断法

经验判断法是根据文献外观、文献价值、用户文献利用取向、复本需求、各种文献日常借阅频率等的感性认识和平时文献管理的经验，决定馆藏文献取舍的方法。经验判断法相对简单，但不够精确，不同图书馆工作人员或专家的主观评判意见可能存在较大的差异。结合图书馆自动化系统的客观统计数据和制订严格的书面复选标准，才能弥补经验判断法的不足。

2. 滞架时限法

滞架时限法是根据文献在两次流通之间滞留在书架上未被使用的时间长度，即滞架时限来确定藏书去留的方法。滞架时限法是确定"呆滞书刊"的有效方法，其前提是必须有完整的文献借阅记录供参考、计算和分析。

3. 书龄法

书龄法是根据书龄长短确定馆藏文献取舍的方法。文献半衰期理论揭示出，文献的使用价值随着时间的推移而逐渐减少；馆藏文献剔除同文献老化的速度一致，才能保证馆藏文献具有活力。通过对不同书龄馆藏结构和使用状况的分析，确定需要重点复选的馆藏年代范围，对馆藏图书在多级藏书体系中进行调整。

4. 半衰期测定法

不同学科文献的"半衰期"，是指某学科被利用的文献总量中，一半文献失去利用效率所经历的时间。文献的利用衰变与文献增长有密切关系，不同学科的文献有不同的半衰期。应用此方法，剔除前应先确定各学科文献不同的有效时间，然后根据文献半衰期规律确定各类藏书的取舍。

5. 目录比较法

目录比较法是通过将馆藏目录与相关的书目资料（如推荐书目、权威书目等）进行比较，对馆藏进行复选的方法。如通过比较馆藏期刊目录与影响较大的核心期刊目录，对期刊品种进行复选。

6. 用户评议法

用户评议法主要通过访问、交谈或表格调查等用户调查方式，了解用户对图书馆文献资源建设的评价与建议，例如：哪类书不符合用户需求或已过时？哪类书复本过多或过少？哪类书需要加强补充？然后根据用户的建议确定文献复选的范围和标准。

7. 内容层次判断法

内容层次判断法是将所有文献按其内容的深浅分为几个层次，并将各种文献归入相应层次，低于所需层次的文献列为剔除对象。

8. 数学计算方法

数学计算方法是用数量表示某些变量，并运用专门的公式或方法进行计算，根据计算结果做出复选决定的方法。载文量、引文量、书龄、复本量、滞架时限和使用频率等是采用数学计算方法进行复选的重要参数。

9. 外形判断方法

外形判断方法是以文献的外形为剔除标准。文献的外形是影响其使用价值的重要因素。有的文献经过多次修补，已无法再使用；有的纸张、印刷、装订质量很差，严重影响阅读；有的污损、缺页严重，已不具备内容的完整性。这些文献均属于剔除的范围。

（三）复选的工作程序

图书馆需要开展充分的调研工作，拟定馆藏复选草案，研究和合理运用馆藏复选方法，依据馆藏复选方案中确定的原则和标准对馆藏进行复选。

1. 调查研究，制订规划

（1）对馆藏文献的概况、用户的反馈、馆藏文献利用情况和市场出版动态进行调查、分析和归纳总结，形成调研报告。

（2）在调查分析的基础上，制订馆藏复选整体规划（近期、中期、长期）及实施方案（复选原则、标准、范围、方法、步骤），确定各时期的复选方向和复选重点。

2. 确定复选周期、审核与操作方法

（1）根据各学科馆藏文献的馆藏数量、文献半衰期、文献滞架时限、馆舍容量等实际因素，确定各学科文献的复选周期。一般情况下，图书馆每年应组织一次有一定规模或有侧重点的文献复选。

（2）文献经由馆员复选后，必要时请相关教师代表对复选文献进行审核，形成"下架书目"后写出下架调整和剔旧报告，包括剔旧原因、剔旧文献所属学科、剔旧种/册数、剔旧文献的处理意见等，并根据"下架目录"进行下架；同时进行注销工作，填写每批注销图书的总括登记表与个别登记表。

（3）复选文献的处理方案

①贮存

对利用率低但仍有一定价值的剔旧图书可在二线书库或贮存书库中存放。

②交换

对不适合本馆的剔旧图书可制成剔书目录与其他图书馆进行交换。

③捐赠

对不适合本馆的剔旧图书可捐赠给其他图书馆（室）。

④削价处理

对旧版图书或工具书,可能对用户有用,可采取削价处理的方式,使之发挥最大效用。

⑤报废

对内容不可取、外观破损严重的无用文献做报废处理。

在处理这些资源时,要考虑到可能的法律限制。

五、馆藏文献保护

收藏文献的目的是利用,而利用则必须以文献资源的有效保管为前提。有效地保护好馆藏文献,延长其使用寿命,为现在和将来的人们利用这些文献资源创造条件,发挥文献资源潜在的使用价值,是馆藏文献保护的重要任务。

要保护好馆藏文献,必须了解和研究馆藏文献损失的原因、保护的方法。

(一)文献损失的原因

造成馆藏文献损失的原因是多方面的,但归结来主要为社会原因和自然原因两个方面。

1. 社会原因

社会原因主要是指图书馆藏书遭到人为的丢失和损坏,如一部分读者,甚至个别图书馆工作人员不爱惜馆藏文献,不认真执行馆藏文献的保护制度,造成文献资源的丢失、损毁,甚至有少数读者撕毁、涂画、踩躏、偷窃图书馆的藏书。还有种种社会原因造成的文化灾难更是大规模毁灭文献资源的原因。

2. 自然原因

自然原因主要是自然界中各种物理、化学及生物因素对馆藏文献的影响。任何文献的载体都是一定的物质,它们都是有自身老化、变质、丧失原有的力学、化学和光学性能的过程,如变黄、变脆、变散、折卷、开胶、脱落等现象。而馆藏文献所处的环境条件,如温度、湿度、光照、清洁状况以及各种微生物、昆虫、水火的侵袭都会影响这个老化变质过程的速度。如果在保存中缺乏适宜的条件,再加上客观环境中各种有害物质的催化和侵蚀,这种过程便会加速,甚至造成毁灭性的损失。

(二)馆藏文献保护的方法

针对馆藏文献损毁的原因,采取一系列的安全保护措施,以预防为主,最大限度地改善馆藏文献保存的条件，消除导致馆藏文献损失变质的各种隐患。

不同载体的文献，有不同的保护方法，就一般图书馆而言，文献保护的方法和措施主要有防火、温湿度控制、防光、防虫、防霉、防鼠、防酸、防破损等。

（1）加强教育

加强工作人员自身的职业道德教育；加强对读者的道德素质教育；建立健全赔偿、惩罚制度；安装自动防盗报警系统。

（2）温湿度控制

控制温湿度最有效的方法是采用空调设备，另外还可以采取在书库建筑上设置隔热层、库外植物绿化等方法。通风也是调节书库温湿度的一种简便易行的措施，还有安放干燥剂吸潮等办法。

（3）防尘与防菌

书库、阅览室内应保持通风，使室内外空气得到交流；要经济进行卫生清扫，清除灰尘；控制书库温湿度；用浸蘸甲醛的棉花团揩拭等消毒灭菌。

（4）防虫防鼠

书库内经常通风、防尘、防潮，除去虫、鼠滋生繁殖的条件；堵塞书库的各种漏洞、墙缝，放置杀虫、灭鼠的药物。用化学药物熏蒸法、低温法、缺氧法、射线辐照法、诱捕诱杀法等方法消灭虫害、鼠害。

（5）防火防涝

采取一切有效措施，防止火灾的发生；图书馆内严禁吸烟；严禁携带易燃易爆物品入馆；定期检查电路及电器设备是否完好；定期检查灭火器材是否有效；最好安装自动火灾探测报警系统。馆藏文献又最怕水浸。要注意防涝；书库尽可能建造在地势高处；平时要注意防漏。

（6）装订修补

及时裱糊、修补磨损、撕页或脱线的书刊；期刊、报纸及时装订成。

（7）缩微复制

对于珍贵的文献资料进行缩微复制，备份保存。

（8）缩微、音像、磁盘等文献的保护

①大量资料应辟耐火的贮藏室或资料库贮存，少量资料可用耐火橱柜或保险箱贮存，需要长期贮存的磁盘应装在密封的塑料袋中。

②贮存设备应高出地面一定距离，以防水的侵害。

③降低空气中相对湿度，控制好室内温度，一般应安装空调设备。

④贮存的磁带要定期检查或抽样检测。

⑤要尽量减少光线对文献载体的光照；各种录音带、录像带和计算机可读的磁带、磁盘等，远离电机、电缆等电磁源。

第三章 图书馆数字资源建设与管理

第一节 图书馆数字资源建设概述

一、数字资源建设的丰富内涵

在信息技术迅猛发展的今天,数字资源的生产、传递、获取、存储发生了根本性改变,数字资源建设有了更为丰富的内涵。

数字资源目前尚无权威定义,一般指以电子数据形式把文字、表格、图像、音频、视频等有序的、可利用的多种形式信息存储在光、磁等非纸质载体上,并通过网络通信、计算机或终端等方式呈现出来,用户可通过计算机网络进行本地或远程读取、使用的信息资源,包括电子图书、电子期刊、数据库等资源。数字资源是多类型、多格式、多媒体、多语种的信息混合体,是一种跨媒体的信息对象,以多种逻辑和物理格式存在,利用时往往需要专门的软硬件进行解压、转换、显示或播放。广义上,数字资源建设是人类对处于无序状态的各种媒介信息通过选择、采集、组织和开发等活动,使之形成可利用的信息资源体系的全过程。

单纯从图书馆角度来定义,数字资源建设是图书馆根据其性质、任务和用户需求,有计划地系统地规划、选择、收集、组织、管理各种资源,建立具有特定功能的信息资源体系的整个过程和全部活动。图书馆数字资源建设主要包括馆藏资源数字化、数据库建设及网络信息资源开发组织等方面的内容。

在新的图书馆业态环境下,图书馆馆藏资源体系不仅包括以物理形态存在的文献信息资源,而且还包括越来越多的以数字形态存在的数字信息资源,数字信息资源包括联机检索信息资源、因特网信息资源,以及图书馆依托本馆馆藏,独立或与其他单位开发建设的数字信息资源。数字信息资源数量大、类型多,而且具有广泛的共享性,用户借助计算机系统、通信网络等可以随时访问使用。数字信息资源建设无疑是今后图书馆服务体系信息资源建设的核心内容。

二、数字资源建设的现实意义

（一）满足读者日益多样化的阅读需求

随着信息技术的迅猛发展，数字资源在知识传播和信息获取方面的作用愈发凸显。数字资源的便捷性、丰富性和时效性，使其成为满足现代读者多样化阅读需求的重要途径。在数字化时代，读者的阅读行为发生了显著变化，他们不再局限于传统的纸质阅读，而是更倾向于通过网络平台获取各种形式的数字资源。

首先，数字资源的多样性为读者提供了更为广阔的选择空间。无论是电子书籍、期刊论文，还是音频、视频等多媒体资源，都能满足不同读者的个性化需求。这种多样化的阅读选择，不仅丰富了读者的阅读体验，也有助于培养读者的阅读兴趣。

其次，数字资源的便捷性极大地方便了读者的阅读活动。借助移动设备，读者可以随时随地访问图书馆的数字资源，不受时间和空间的限制。这种便捷性不仅提高了阅读效率，也使得阅读成为日常生活中更加轻松愉悦的一部分。

再者，数字资源的时效性确保了读者能够及时获取最新的学术成果和信息资讯。在知识更新速度日益加快的今天，这一点尤为重要。图书馆通过不断加强数字资源建设，能够为读者提供最新、最全面的信息资讯，帮助他们紧跟时代步伐，不断提升自身素养。

（二）有利于图书馆自身的可持续发展

数字资源建设不仅关乎读者的阅读需求，更对图书馆的可持续发展具有深远影响。在数字化浪潮的推动下，图书馆必须适应时代变革，加强自身数字资源建设，以保持其作为信息传播和知识服务中心的地位。

一方面，数字资源建设有助于提升图书馆的服务水平。通过引进和管理丰富的数字资源，图书馆能够提供更高效、更便捷的信息服务，满足读者不断变化的需求。这种服务水平的提升，不仅能够增强图书馆的吸引力，还能够提高其社会影响力，为图书馆的长期发展奠定坚实基础。

另一方面，数字资源建设也是图书馆适应信息化社会发展的必然要求。随着信息技术的不断进步，数字化已成为各行各业的发展趋势。图书馆作为信息传播的重要节点，必须紧跟时代步伐，加强自身信息化建设，以适应社会的发展需求。通过数字资源建设，图书馆能够更好地融入信息化社会，与其他信息机构形成良性互动，共同推动知识的传播和创新。

此外，数字资源建设还有助于图书馆优化资源配置、提高管理效率。数字化管理方式能够使图书馆更加精准地掌握资源使用情况，及时调整资源配置策略，以满足读者的实际需求。同时，数字化管理还能够简化工作流程、提高工作效率，为图书馆节省大量的人力、物力和财力成本。这些优势都将为图书馆的可持续发展提供有力支持。

第二节　图书馆数字资源建设原则

在数字化时代背景下，图书馆数字资源建设已成为提升信息服务能力、满足用户多元化需求的关键环节。为确保数字资源建设的有效性，需遵循若干核心原则，具体如下：

一、用户导向原则

用户导向原则是指在图书馆数字资源建设中，应始终以用户的需求为中心，以满足用户需求为最终目标。这一原则体现在数字资源建设的全过程中，从需求分析、资源选择、平台设计到服务提供等各个环节。

（一）以用户需求为出发点

图书馆数字资源建设的首要任务是深入了解和分析用户的需求。用户的信息需求具有多样性、个性化和动态性的特点，因此，图书馆需要通过科学的方法准确捕捉这些需求。

分析用户信息需求的特点。在数字时代，用户的信息需求呈现出多元化、碎片化和时效性的特征。用户不仅关注学术资源的获取，还对休闲娱乐、生活技能等多方面的信息感兴趣。同时，随着知识更新的加速，用户对信息的时效性要求也越来越高。

调研用户信息需求的方法和工具。为准确把握用户需求，图书馆可利用问卷调查、用户访谈、日志分析等多种方法进行调研。此外，借助大数据和人工智能技术，图书馆还能更精准地分析用户的行为模式和偏好，为数字资源建设提供有力支持。

根据用户需求调整数字资源建设策略。基于对用户需求的深入了解，图书馆应灵活调整资源采集、分类和标引等策略，确保数字资源能够全面、精准地满足用户需求。

（二）提升用户体验

优化用户体验是图书馆数字资源建设的重要环节。通过设计人性化的服务平台、优化检索流程和提供个性化服务，图书馆能够显著提升用户对数字资源的满意度和忠诚度。

设计人性化的数字资源服务平台。平台的界面设计应简洁明了、操作便捷，符合用户的使用习惯。同时，平台应提供丰富的互动功能，如在线咨询、用户社区等，以增强用户的参与感和归属感。

优化数字资源的检索和获取流程。图书馆应提供高效、准确的检索工具，支持多种检索方式和高级检索功能，帮助用户快速定位所需资源。此外，资源的获取流程也应尽可能简化，减少用户等待时间和操作步骤。

提供个性化的信息推送服务。利用大数据和智能推荐技术，图书馆可根据用户的兴趣和行为模式，为其推送相关的数字资源和服务。这种个性化的服务方式不仅能够提高资源的使用效率，还能增强用户对图书馆的信任和依赖。

（三）建立用户反馈机制

用户反馈是改进数字资源建设的重要依据。图书馆应建立有效的反馈渠道，定期收集和分析用户意见，以便及时发现问题并进行优化。

设立用户反馈渠道。图书馆可通过在线调查、用户论坛、社交媒体等多种途径收集用户反馈。这些渠道应保持畅通无阻，确保用户能够随时提出意见和建议。

定期收集和分析用户反馈。图书馆应定期对收集到的用户反馈进行整理和分析，识别出主要问题和改进方向。这一过程可借助数据挖掘和文本分析等技术手段来提高效率。

根据反馈调整和优化数字资源建设。基于用户反馈的分析结果，图书馆应及时调整资源建设策略和服务方式。例如，针对用户反映的检索不便问题，图书馆可优化检索算法或增加相关提示功能；针对资源更新不及时的问题，图书馆可加强与出版商的合作，确保资源的时效性和完整性。通过持续改进和优化，图书馆能够不断提升数字资源建设的质量和水平，更好地满足用户需求。

二、标准化与规范化原则

在图书馆数字资源建设过程中，标准化与规范化原则占据至关重要的地位。遵循这一原则，不仅有助于确保数字资源的质量，还能实现资源的高效管理、共享与利用。标准化与规范化原则主要体现在两个方面：一是遵循国家和国际标准，二是制订图书馆内部规范。

（一）遵循国家和国际标准

在数字资源建设过程中，图书馆应严格遵循国家和国际标准，这是确保数字资源质量、提升资源互操作性的基础。

1. 引用国内外数字资源建设相关标准

图书馆在数字资源建设时，应广泛参考并引用国内外相关的标准和规范。例如，可以借鉴国际标准化组织（ISO）制订的关于数字图书馆、元数据、信息检索等方面的标准，以及国内相关行业或机构发布的规范。这些标准不仅为数字资源的采集、组织、存储和检索提供了统一的指导原则，还有助于提高资源的通用性和可重用性。

2. 确保数字资源的兼容性和互操作性

遵循国家和国际标准，可以最大程度地确保不同系统、不同平台之间的数字资源能够实现无缝对接和互操作。这种兼容性和互操作性是数字资源高效利用和广泛共享的前提。通过标准化接口和协议，图书馆能够与其他机构或系统顺畅地交换数据，从而提升数字资源的服务效能。

（二）制订图书馆内部规范

除了遵循国家和国际标准外，图书馆还应根据自身实际情况，制订一系列内部规范，以确保数字资源建设的系统性和一致性。

1. 确立数字资源的分类与编码规则

图书馆应建立一套完善的数字资源分类体系，并制订相应的编码规则。这不仅有助于资源的组织和管理，还能提高资源的检索效率。分类体系应涵盖图书馆收藏的所有资源类型，并根据学科领域、资源类型等维度进行合理划分。

同时，编码规则应确保每个资源都有一个唯一且稳定的标识符，便于资源的精准定位和跟踪。

2. 统一数字资源的元数据标准

元数据是描述数字资源特征、属性及相互关系的重要信息。图书馆应制订统一的元数据标准，规范元数据的结构、内容和格式。这有助于实现资源的自动化处理和高效检索。通过统一元数据标准，图书馆能够确保不同来源、不同类型的数字资源在描述上的一致性，从而提高资源的整合与利用效率。

3. 规范数字资源的存储和管理流程

为确保数字资源的安全性和可用性，图书馆应制订严格的存储和管理流程。这包括资源的备份策略、访问控制机制、数据迁移方案等。通过规范这些流程，图书馆能够确保数字资源的长期保存和持续利用，同时降低因管理不善而导致的资源丢失或损坏风险。

三、资源共享与协作原则

在信息化时代，图书馆数字资源建设不再是一个孤立的过程，而是需要各图书馆之间，甚至国家间的广泛合作与共享。资源共享与协作原则强调图书馆在数字资源建设过程中，应积极参与合作与分享，以实现资源的最大化利用和优化配置。

（一）加强馆际合作与资源共享

随着信息技术的迅猛发展，单一图书馆难以独自应对日益增长的数字资源需求，因此，加强馆际合作、实现资源共享显得尤为重要。

1. 建立图书馆联盟或合作网络

为提升数字资源建设的整体效能，各图书馆应携手建立紧密的联盟或合作网络。这样的联盟能够提供一个平台，让成员馆之间可以交流经验、协调资源建设策略，并共同解决在数字资源建设过程中遇到的问题。通过联盟的力量，图书馆可以共同面对挑战，形成合力，推动数字资源建设的持续发展。

2. 实现数字资源的共建共享

在图书馆联盟或合作网络的框架下，各成员馆应积极参与数字资源的共建项目。通过共同投资、分工合作，不仅可以避免资源的重复建设，还能丰富各自的数字馆藏。同时，共享已有的数字资源，能够使得每个图书馆都能从中受益，提高资源的整体利用率。

3. 促进资源的优化配置和高效利用

资源的优化配置是数字资源建设的关键环节。通过馆际合作，图书馆可以更好地了解彼此的资源优势和需求，从而进行合理配置。此外，通过共享机制，各图书馆可以相互补充，使得用户能够更方便地获取到所需的数字资源，实现资源的高效利用。

（二）拓展国际合作与交流

在全球化的背景下，图书馆数字资源建设也需要具备国际视野，通过拓展国际合作与交流，引进国外优质资源，提升自身的服务水平。

1. 参与国际图书馆组织的合作项目

国际图书馆组织经常发起各种合作项目，旨在促进全球范围内的资源共享与协作。通过参与这些项目，图书馆可以接触到更先进的数字资源建设理念和技术，同时也有机会与其他国家的图书馆建立合作关系，共同推动数字资源建设的发展。

2. 引进国外优质数字资源

国外许多图书馆和机构拥有丰富的数字资源，这些资源在学术价值、历史文化意义等方面都具有重要意义。通过国际合作，引进这些优质资源，可以丰富本馆的数字馆藏，提升服务质量。同时，这也有助于推动文化交流和学术研究的国际化。

3. 推动国内外数字资源的互换与共享

在引进国外资源的同时，图书馆也应积极推动国内资源的国际化共享。通过与国外图书馆的资源互换，可以让更多的国际用户了解到中国的文化和学术成果，增强国际影响力。此外，这种互换与共享也有助于建立更加紧密的国际合作关系，为未来的数字资源建设奠定坚实基础。

四、知识产权保护原则

在数字资源建设过程中，知识产权保护是一个不可忽视的重要原则。图书馆作为信息传播和知识服务的重要机构，在数字资源建设中必须严格遵守知识产权保护的相关法律法规，尊重原创精神，保护创作者的合法权益，同时推广合法使用数字资源的意识，营造一个健康、有序的数字资源使用环境。

（一）尊重和保护知识产权

在数字资源建设中，图书馆应始终将尊重和保护知识产权放在首位，这不仅是对创作者劳动成果的尊重，也是维护市场秩序和促进文化创新的必要举措。

1. 遵守知识产权法律法规

图书馆在数字资源建设过程中，必须严格遵守国家及国际上的知识产权法律法规。这包括但不限于著作权法、专利法、商标法等，确保在资源的采集、整理、利用等各个环节不侵犯他人的知识产权。图书馆应定期对员工进行知识产权法律法规的培训，增强全员的知识产权保护意识。

2. 获取和使用数字资源时注重版权问题

在获取和使用数字资源时，图书馆应确保资源的来源合法，避免使用盗版或非法复制的资源。对于需要购买的数字资源，应与版权所有者签订正规的授权协议，明确双方的权利和义务。此外，图书馆还应建立严格的数字资源使用管理制度，规范用户的使用行为，防止资源的非法传播和滥用。

3. 建立完善的知识产权管理制度

为了更好地保护知识产权，图书馆应建立完善的知识产权管理制度。该制度应明确图书馆在数字资源建设中的知识产权保护责任、工作流程和违规处理措施等。同时，图书馆还应设立专门的知识产权管理岗位或部门，负责监督和执行相关管理制度，确保知识产权保护工作的有效开展。

（二）推广合法使用数字资源的意识

除了自身严格遵守知识产权保护原则外，图书馆还应积极推广合法使用数字资源的意识，引导用户树立正确的知识产权观念。

1. 开展知识产权宣传教育活动

图书馆应定期开展知识产权宣传教育活动，提高用户对知识产权重要性的认识。这些活动可以通过讲座、展览、研讨会等多种形式进行，内容应涵盖知识产权的基本概念、法律法规、侵权行为的危害以及合法使用数字资源的方法等。通过这些活动，图书馆可以帮助用户建立起尊重和保护知识产权的意识。

2. 引导用户合法使用数字资源

图书馆在提供数字资源服务时，应明确告知用户合法使用资源的重要性和相关规定。例如，在图书馆的网站或服务平台上发布版权声明和使用指南，引导用户按照规定的方式获取和使用数字资源。同时，图书馆还可以采取技术手段限制非法复制和传播行为，如设置数字水印、使用DRM（数字版权管理）技术等。

3. 加强与版权所有者的沟通与合作

为了更好地保护知识产权，图书馆应加强与版权所有者的沟通与合作。这包括与资源提供商建立长期稳定的合作关系，明确双方的权益和责任；及时处理版权纠纷和侵权行为；共同推动数字资源的合法传播和利用等。通过与版权所有者的紧密合作，图书馆可以确保数字资源建设的合法性和可持续性。

五、安全与可靠性原则

在图书馆数字资源建设过程中，安全与可靠性原则至关重要。这一原则旨在确保数字资源在存储、传输和使用过程中的安全性和稳定性，从而为用户提供持续、可靠的信息服务。本原则具体涵盖两个方面：一是保障数字资源的安全存储与传输，二是确保数字资源的可靠性与稳定性。

（一）保障数字资源的安全存储与传输

数字资源的安全存储与传输是数字图书馆建设的基石。为实现这一目标，需采取多种措施来防范潜在的安全风险。

1. 采用先进的安全技术和设备

为确保数字资源的安全，图书馆应采用业界领先的加密技术，如SSL/TLS协议，以保护数据传输过程中的机密性和完整性。同时，部署防火墙、入侵检测系统（IDS）和入侵防御系统（IPS）等安全设备，以实时监控和防御外部威胁。此外，图书馆还应利用多因素认证技术，如指纹或面部识别，增强用户访问控制的安全性。

2. 定期对数字资源进行备份和恢复测试

为防止数据丢失，图书馆应制订严格的备份策略，并定期执行。备份数据应存储在安全可靠的环境中，如远程数据中心或云存储平台。同时，图书馆需定期进行恢复测试，验证备份数据的可用性和完整性，确保在发生灾难性事件时能够迅速恢复数字资源服务。

3. 建立应对网络攻击和数据泄露的预案

面对日益复杂的网络安全环境，图书馆必须制订详细的应急预案，以应对潜在的网络攻击和数据泄露事件。预案应包括事件发现、报告、响应和恢复等流程，明确各相关部门的职责和协作机制。通过定期的模拟演练，图书馆可以评估预案的有效性，并及时调整以应对新出现的安全威胁。

（二）确保数字资源的可靠性与稳定性

除了安全性之外，数字资源的可靠性与稳定性也是图书馆必须关注的重点。这要求图书馆在资源选择、质量评估和后期维护方面做出明智的决策。

1. 选择信誉良好的数字资源提供商

图书馆在选择数字资源提供商时，应重点考察其市场声誉、技术实力和服务质量。与信誉良好的提供商合作，可以从源头上保证数字资源的品质和服务的可靠性。此外，合同中应明确双方的权利和义务，包括资源更新频率、技术支持和售后服务等内容。

2. 对数字资源进行质量评估和筛选

为确保数字资源的准确性和权威性，图书馆应对收集到的资源进行严格的质量评估。评估标准可包括内容的真实性、时效性、学术价值以及用户反馈等。通过筛选，图书馆可以剔除低质量或过时的资源，确保提供给用户的都是高质量、有价值的信息。

3. 定期对数字资源进行更新和维护

随着知识的不断更新和技术的进步，图书馆需要定期对数字资源进行更新和维护，以保持其时效性和可用性。这包括添加新的学术成果、删除过时的信息、修复损坏的数据以及优化资源检索功能等。通过持续地更新和维护，图书馆可以确保用户始终能够获取到最新、最准确的信息。

第三节　图书馆数字资源建设流程

图书馆数字资源建设是一个系统性工程，涉及多个环节和步骤。为确保数字资源建设的高效与有序，必须遵循一套科学、合理的建设流程。

一、需求分析与规划阶段

需求分析与规划阶段是图书馆数字资源建设的起始环节，对于后续工作的顺利开展具有至关重要的指导作用。

（一）明确建设目标与定位

在数字资源建设之初，图书馆应首先明确建设的目标和定位。这包括确定数字资源建设的总体方向、预期成果以及服务对象等。建设目标应具有可行性和前瞻性，既要满足当前读者的需求，也要考虑未来发展的需要。同时，定位要准确，结合图书馆的实际情况和特色，打造独具特色的数字资源体系。

（二）进行用户需求分析与市场调研

为确保数字资源建设的针对性和实用性，图书馆需要进行深入的用户需求分析和市场调研。通过问卷调查、访谈、数据分析等方式，了解读者的阅读习惯、信息需求以及使用偏好。同时，对市场上的数字资源进行调研，掌握行业发展趋势和竞争对手情况，为后续的资源采集和整理提供有力支持。

（三）制订详细的项目规划与实施方案

在明确建设目标与定位以及充分了解用户需求和市场情况的基础上，图书馆应制订详细的项目规划与实施方案。该方案应包括项目的时间节点、人员分工、经费预算、技术支持等各个方面。通过科学合理的规划，确保数字资源建设的顺利进行。

二、资源采集与整理阶段

资源采集与整理阶段是图书馆数字资源建设的核心环节，直接关系到数字资源的质量和效用。

（一）数字资源的采集途径与方法

图书馆在采集数字资源时，可采取多种途径和方法，包括购买、自建和共享等。购买是最常见的采集方式，通过与出版商、数据商等合作，引进优质的数字资源。自建则是根据图书馆的特色和需求，自主开发建设数字资源。共享则是通过与其他图书馆或机构的合作，实现资源的共享和利用。在选择采集途径时，图书馆应综合考虑资源的成本、质量、可获取性等因素。

（二）资源分类与标引的标准与流程

为确保数字资源的有效管理和利用，图书馆需要对采集到的资源进行科学的分类和标引。分类应依据《中国图书馆分类法》等相关标准，结合图书馆的实际情况进行。标引则是对资源进行关键词、主题等标注，便于用户检索和利用。图书馆应建立完善的分类与标引流程，确保每一份资源都能得到准确、全面地处理。

（三）元数据的创建与管理

元数据是关于数据的数据，对于数字资源的描述、管理和检索具有重要意义。图书馆在数字资源建设过程中，应重视元数据的创建与管理工作。元数据的创建应遵循相关标准，如《都柏林核心元数据》（Dublin Core Metadata）等，确保元数据的准确性和互操作性。同时，图书馆应建立完善的元数据管理系统，实现元数据的存储、查询、更新和维护等功能，为数字资源的高效利用提供有力支持。

三、平台选择与搭建阶段

在图书馆数字资源建设过程中，平台选择与搭建是确保资源能够被有效管理和利用的关键步骤。此阶段涉及对不同技术平台的评估、平台架构的设计与选择，以及硬件与软件的合理配置。

（一）不同技术平台的优缺点及适用性

在选择技术平台时，图书馆需综合考虑多个因素。目前市场上存在多种技术平台，如基于云计算的平台、开源平台以及专有技术平台等。云计算平台具有弹性扩展、按需付费等优点，适用于需要快速响应和高度灵活性的场景，但可能存在数据安全和隐私保护的问题。开源平台则提供了较高的自定义能力和成本效益，但需要图书馆具备一定的技术实力进行维护和定制。专有技术平台则通常提供更为稳定和专业的服务，但可能伴随较高的成本。图书馆应根据自身需求、预算和技术能力来选择最合适的平台。

（二）平台架构的设计与选择

平台架构的设计直接关系到数字资源的管理效率和服务质量。在设计架构时，图书馆应考虑数据的可扩展性、可维护性和安全性。一个典型的架构可能包括数据层、服务层和应用层。数据层负责存储和管理数字资源，服务层提供资源检索、访问控制等功能，而应用层则面向用户，提供友好的交互界面。此外，微服务架构和容器化技术等现代IT架构模式也为图书馆提供了更多的灵活性和可伸缩性，可以根据实际需求进行动态调整。

(三) 硬件与软件的配置要求

硬件和软件的配置是数字资源平台稳定运行的基础。在硬件方面，图书馆需要考虑服务器、存储设备、网络设备等基础设施的性能和容量。高性能的服务器能够确保快速响应和处理大量用户请求，而大容量、高可靠性的存储设备则是保障数据安全的关键。在软件方面，除了操作系统和数据库管理系统外，还需要考虑资源管理系统、搜索引擎、安全防护软件等的选择和配置。这些软件应能够提供高效的资源管理、便捷的检索服务以及强大的安全保障。

四、数字资源加工与存储阶段

数字资源的加工与存储是图书馆数字资源建设中的核心环节，它涉及资源的规范化处理、高效存储以及安全保障等多个方面。

(一) 数字资源的加工处理流程

数字资源的加工处理是数字资源建设中的重要步骤，旨在确保资源的标准化、规范化和高质量。加工处理流程包括格式转换和质量控制两个关键环节。格式转换主要是将不同来源、不同格式的数字资源统一转换为图书馆系统所支持的格式，以便实现资源的统一管理和利用。在转换过程中，需要确保转换后的资源保持原有的信息内容和质量。质量控制则是对数字资源进行全面的检查和修正，以确保资源的准确性、完整性和可读性。这包括对资源的元数据、内容、结构等进行校验和修正，以及对资源进行必要的优化处理，如压缩、去噪等。

(二) 数据存储的策略与技术

数据存储是数字资源建设中的关键环节，它直接影响到资源的安全性、可靠性和访问效率。在存储策略上，图书馆应考虑分布式存储技术，该技术通过将数据分散存储在多个独立的节点上，提高了数据的可靠性和可扩展性。同时，为了应对可能的数据丢失或损坏风险，图书馆还应实施定期的数据备份策略，确保数据的完整性和可恢复性。在技术上，图书馆可以利用现有的成熟存储解决方案，如基于HDFS的分布式文件系统或基于NoSQL的数据库系统，以实现高效、可扩展的数据存储。

(三) 数据的安全与完整性保障措施

在数字资源加工与存储过程中，数据的安全与完整性至关重要。图书馆应采取多层次的安全防护措施，包括物理安全、网络安全和应用安全等。物理安全方面，应确保存储设备的安全性和可靠性，防止物理损坏或盗窃。网络安全方面，需要部署防火墙、入侵监测系统等安全设备，防止外部攻击和数据泄露。在应用安全层面，图书馆应实施严格的用户认证和访问控制机制，确保只有授权用户才能访问敏感数据。此外，为了防止数据篡改或损坏，图书馆还应采用数据加密和校验技术，确保数据的完整性和真实性。通过这些综合措施，图书馆能够构建一个安全、可靠的数字资源存储环境。

五、服务与推广阶段

服务与推广阶段是图书馆数字资源建设流程中的重要环节，旨在确保所建设的数字资源能够有效服务于广大用户，并通过推广策略提升其影响力和使用率。

（一）数字资源的发布与服务方式

在数字资源建设完成后，图书馆需要通过多种渠道和方式将资源发布并提供给用户。在线检索是数字资源服务的基础方式，图书馆应提供便捷、高效的检索工具，支持关键词、主题、作者等多种检索方式，以满足用户快速定位所需资源的需求。同时，下载功能也是必不可少的，它允许用户将所需的数字资源下载到本地进行离线阅读或使用，从而提升了资源的可获取性和使用的灵活性。此外，图书馆还可以考虑提供个性化的资源推荐服务，根据用户的阅读偏好和历史行为，为其推送相关的数字资源，进一步提升用户体验。

（二）提升数字资源的使用率与用户满意度

为了提升数字资源的使用率，图书馆可以从多个方面入手。首先，优化资源的组织和呈现方式，使其更加符合用户的使用习惯和信息需求。其次，通过举办线上或线下的培训、讲座等活动，引导用户更好地利用数字资源，提高其信息素养。此外，图书馆还可以与学术机构、教育机构等合作，共同推广数字资源的使用。在提升用户满意度方面，图书馆应定期收集和分析用户的反馈意见，及时响应并解决用户在使用过程中遇到的问题，不断优化服务流程和功能设计，以满足用户不断变化的需求。

（三）数字资源的推广策略与营销手段

为了扩大数字资源的影响力和提高使用率，图书馆需要制订有效的推广策略和营销手段。例如，可以利用社交媒体、学术论坛等渠道进行宣传和推广，吸引更多的潜在用户关注和使用数字资源。同时，图书馆还可以与相关领域的研究机构或学者合作，共同举办研讨会、学术交流等活动，提升数字资源的学术价值和影响力。此外，通过制订优惠政策、提供试用服务等方式，也可以吸引更多的用户尝试和使用数字资源。

六、评估与反馈阶段

评估与反馈阶段是图书馆数字资源建设流程的终结环节，通过科学的评估和有效的用户反馈，不断优化和完善数字资源建设。

（一）数字资源建设项目的评估标准与方法

在评估数字资源建设项目时，图书馆应制订全面的评估标准和方法。评估标准可以包括资源的质量、数量、覆盖范围、更新频率等方面，以确保资源的全面性和时效性。评估方法则可以采用定量分析和定性分析相结合的方式，通过数据统计、用户调查等手段，客观、全面地评估数字资源建设的成果和效益。同时，图书馆还可以借鉴国内外同类项目的评估经验和方法，不断完善自身的评估体系。

（二）用户反馈的收集与处理流程

用户反馈是优化数字资源建设的重要依据。图书馆应建立畅通的用户反馈渠道，如在线调查、用户论坛等，鼓励用户积极提供使用体验和改进建议。收集到的用户反馈应及时整理和分析，找出存在的问题和不足，为后续改进工作提供方向。同时，图书馆还应定期对用户反馈进行汇总和报告，以便管理层全面了解用户需求和市场动态，做出科学的决策。

（三）根据评估与反馈进行持续改进

根据评估和用户反馈的结果，图书馆需要对数字资源建设进行持续改进。针对评估中发现的问题和不足，图书馆应制订具体的改进措施和计划，并明确责任人和时间节点，确保改进工作的有效实施。同时，图书馆还应关注行业动态和技术发展趋势，及时调整和优化数字资源建设的策略和方向，以适应不断变化的市场需求和用户期望。通过持续改进和迭代更新，图书馆的数字资源建设将更加完善和高效，为用户提供更加优质的服务体验。

第四节　图书馆数字资源管理与维护

一、数字资源管理与维护概述

在信息化时代，图书馆数字资源的管理与维护显得尤为重要。这不仅是保障数字资源安全、完整和有效利用的关键环节，更是图书馆服务质量提升的重要支撑。以下将对数字资源管理与维护的重要性和其目标与原则进行详细阐述。

（一）数字资源管理与维护的重要性

首先，管理与维护是确保数字资源长期保存的必要手段。数字资源，包括电子图书、期刊、数据库、多媒体资料等，由于其电子化的特性，容易受到技术更新、硬件故障、病毒攻击等多种因素的威胁。因此，通过科学的管理与维护，可以防止资源丢失或损坏，确保图书馆数字资源的完整性和可持续性。

其次，管理与维护有助于提高数字资源的使用效率。一个管理有序、维护得当的数字资源库，能够为用户提供更加便捷、高效的检索和下载服务。通过合理的分类、标引和更新机制，用户可以更快地找到所需资源，从而提高图书馆的服务水平和用户满意度。

再者，数字资源的管理与维护也是图书馆信息化建设的重要组成部分。随着信息技术的不断发展，图书馆正逐步从传统的纸质馆藏向数字化转型。在这个过程中，如何有效地管理和维护数字资源，使之与图书馆的整体发展战略相契合，成为图书馆现代化建设的重要课题。

（二）管理与维护的目标分析

数字资源管理与维护的目标首先是确保资源的安全性和完整性。这包括防止未经授权的访问、篡改或删除，以及避免因硬件故障、自然灾害等原因导致的数据丢失。为此，需要建立完善的安全保护机制和备份恢复系统。其次，管理与维护应致力于提高数字资源的可用性和可访问性。这要求图书馆不仅要关注资源的存储和保护，还要重视资源的组织和检索方式。通过优化数据库结构、提升检索算法等手段，可以提高用户获取资源的效率和准确性。

二、数字资源日常维护与优化

在图书馆数字资源的管理与维护工作中,日常维护与优化是确保资源持续可用、系统稳定运行的关键环节。本部分将从资源更新与淘汰机制、系统性能监控与优化、数据安全与防护以及用户支持与服务四个方面进行详细阐述。

(一)资源更新与淘汰机制

1. 定期评估与更新策略

定期评估数字资源的状况是图书馆资源管理的重要任务。评估应涵盖资源的使用率、用户满意度、内容的时效性等多个维度。基于评估结果,图书馆需制订明确的更新策略,包括确定更新的频率、范围以及方式。例如,对于高使用率的资源,应增加更新频次以保证内容的时效性;对于低使用率或用户满意度低的资源,则需考虑是否进行替换或优化。

2. 过时资源的处理与淘汰

随着知识的更新和技术的进步,部分数字资源可能会逐渐失去其价值或变得过时。因此,图书馆需要建立一套完善的过时资源处理与淘汰机制。这包括定期审查资源库,识别并标记过时资源,以及根据相关规定和程序进行淘汰。淘汰过程中应确保数据的完整性和安全性,同时做好相关记录以备未来查询。

3. 新资源的采集与整合

为了保持数字资源库的活力和时效性,图书馆需要不断采集和整合新资源。新资源的采集应基于用户需求、学科发展趋势以及图书馆的发展战略。在整合过程中,要确保新资源与现有资源的有效融合,提高资源的整体利用效率和用户满意度。

(二)系统性能监控与优化

1. 系统运行状态的实时监测

图书馆应建立一套完善的系统性能监控机制,实时监测数字资源系统的运行状态。这包括监控服务器的负载情况、网络带宽利用率、数据库性能等关键指标。通过实时监测,可以及时发现并解决潜在的性能问题,确保系统的稳定运行。

2. 性能瓶颈的分析与解决

一旦发现系统性能下降或出现瓶颈,图书馆应立即进行分析并寻找解决方案。这可能涉及优化数据库查询、调整服务器配置、增加硬件资源等措施。通过不断的性能调优，可以确保数字资源系统在高并发、大数据量等复杂场景下仍能保持高效运行。

3. 负载均衡与容错处理

为了提高系统的可用性和稳定性，图书馆应实施负载均衡和容错处理策略。负载均衡可以确保每台服务器的负载均匀分布，避免单点过载；而容错处理则能在部分服务器出现故障时，自动切换到其他可用服务器，保证服务的连续性。

（三）数据安全与防护

1. 防火墙与入侵检测系统的配置

图书馆应部署高效的防火墙和入侵检测系统来保护数字资源的安全。防火墙可以过滤非法访问和恶意攻击，而入侵检测系统则能实时监控网络流量，及时发现并应对潜在的安全威胁。

2. 数据加密与传输安全

为了保证数据在传输过程中的安全性，图书馆应采用数据加密技术。这包括使用SSL/TLS等协议对传输的数据进行加密，确保数据在公共网络上传输时不会被窃取或篡改。同时，图书馆还应定期对加密密钥进行更新和管理，以提高系统的安全性。

3. 定期安全审计与风险评估

图书馆应定期进行安全审计和风险评估工作，以识别和评估潜在的安全风险。这包括对系统的安全配置、用户权限、数据备份等关键环节进行检查和测试。通过定期的安全审计和风险评估，图书馆可以及时发现并解决安全问题，确保数字资源的机密性、完整性和可用性。

（四）用户支持与服务

1. 用户培训与指导

为了提高用户对数字资源的使用效率和满意度，图书馆应提供定期的用户培训和指导服务。这包括组织线上线下培训课程、编写用户手册和操作指南等措施。通过培训和指导，用户可以更快速地掌握数字资源的使用方法和技巧，提高资源利用率。

2. 常见问题解答与技术支持

图书馆应建立常见问题解答（FAQ）和技术支持机制，以便及时解答用户在使用过程中遇到的问题。这包括提供在线咨询、电话支持、邮件回复等多种服务方式。通过专业的技术支持团队和高效的响应机制，图书馆可以确保用户在遇到问题时能够得到及时的帮助和解决方案。

3. 用户反馈的收集与处理

为了更好地了解用户需求和改进服务质量，图书馆应积极收集并处理用户的反馈意见。这包括设置用户调查表、开展用户座谈会、建立用户社区等措施。通过收集和分析用户的反馈数据，图书馆可以及时发现服务中存在的问题和不足，并制订针对性的改进措施以提高用户满意度。

三、特殊类型数字资源的管理与维护

（一）古籍数字化资源的保护与开发

古籍作为中华文化的重要载体，承载着丰富的历史信息和文化知识。然而，由于古籍的纸质载体易受损坏，且传统保存方式难以满足长期保存和广泛传播的需求，因此古籍数字化成为了一种重要的保护与开发手段。

1. 古籍资源的数字化流程

古籍资源的数字化是一个系统性工程，涉及多个环节和步骤。首先，需要进行古籍的选取与鉴定，确保所选古籍具有代表性和研究价值。其次，进行图像采集与处理，通过高分辨率扫描仪或数码相机等设备，将古籍的每一页转换成高质量的数字图像。在这一过程中，需要注意光线的控制、图像的清晰度以及色彩的准确性。接下来是数据录入与校对，将古籍的文本内容通过OCR（光学字符识别）技术转换为可编辑的电子文本，并进行人工校对以确保准确性。最后是数据存储与备份，将数字化的古籍资源存储在稳定可靠的服务器上，并定期进行数据备份以防止数据丢失。

2. 古籍元数据标准与著录规则

元数据在古籍数字化项目中起着至关重要的作用，它提供了关于古籍的基本信息、内容描述、历史背景等关键数据，有助于用户检索和利用古籍资源。在制订古籍元数据标准时，应参考国际通用的元数据标准（如DC元数据、MARC21等），并结合古籍的特点进行适当扩展。著录规则方面，需要遵循客观、准确、完整的原则，确保元数据的真实性和可靠性。同时，为了便于国际交流与合作，元数据的著录语言应采用国际通用的英语，并辅以中文描述以满足国内用户的需求。

3. 古籍数字化项目的合作与推广

古籍数字化项目的成功实施需要多方面的合作与支持。图书馆作为古籍资源的主要收藏机构，应积极寻求与高校、研究机构、文化企业等社会各界的合作。通过资源共享、技术交流和人才培养等方式，共同推动古籍数字化工作的发展。同时，为了扩大古籍数字化资源的影响力和利用率，图书馆还应加强宣传工作，通过举办展览、讲座、研讨会等活动，提高公众对古籍文化的认识和兴趣。此外，利用互联网和社交媒体等平台进行在线推广也是一个有效的途径，可以吸引更多年轻用户关注和参与古籍文化的传承与发展。

古籍数字化资源的保护与开发是一项长期而艰巨的任务。图书馆作为文化传承的重要阵地，应充分发挥自身优势，整合各方资源，不断创新工作方法和手段，为古籍文化的传承与发展贡献力量。通过科学的数字化流程、规范的元数据标准与著录规则以及广泛的合作与推广策略，我们可以更好地保护和利用古籍资源，让中华优秀传统文化在新的时代背景下焕发出新的光彩。

（二）多媒体资源的管理与利用

在数字资源中，多媒体资源以其直观、生动的特点，在图书馆资源中占有重要地位。多媒体资源包括音频、视频等多种形式，它们的管理与维护对于提升图书馆服务质量、满足用户多样化需求具有重要意义。

1. 音频、视频资源的采集与编辑

音频、视频资源的采集是多媒体资源管理的第一步。采集过程中，应确保资源的来源可靠、内容合法，并注重资源的质量和多样性。采集方法包括但不限于从专业机构购买、通过网络抓取、用户上传等。在采集完成后，需要对音频、视频资源进行编辑处理，以适应图书馆的存储和播放需求。编辑工作包括剪辑、格式转换、质量优化等，旨在提升资源的可用性和用户体验。

在音频资源的采集方面，图书馆应注重收录具有学术价值、文化价值或教育意义的音频资料，如讲座、演讲、音乐会等。视频资源的采集则更为广泛，可以包括纪录片、教学视频、专家访谈等。在采集过程中，应遵守相关法律法规，尊重知识产权，确保资源的合法使用。

编辑音频、视频资源时，图书馆应选用专业的编辑软件，以确保编辑后的资源质量。剪辑过程中，应注意保持资源的完整性，同时去除冗余部分。格式转换则是为了适应不同的播放设备和平台，提供更为流畅的播放体验。质量优化则旨在提升资源的视觉效果和听觉效果，使其更具观赏性和学习价值。

2. 多媒体资源的存储与播放技术

多媒体资源的存储与播放技术是确保其有效利用的关键环节。由于多媒体资源占用空间较大，因此存储技术的选择至关重要。图书馆应采用高性能的存储设备，如大容量硬盘、网络云存储等，以确保资源的安全存储和快速访问。同时，为了应对可能的数据丢失或损坏风险，应定期备份多媒体资源。

在播放技术方面，图书馆应提供多种播放方式以适应不同用户的需求。例如，可以在图书馆内部设置专门的多媒体播放室，配备高质量的音响和显示设备；同时，也可以提供在线播放服务，使用户能够随时随地访问多媒体资源。为了确保播放的流畅性和稳定性，图书馆应采用先进的流媒体技术和负载均衡策略。

此外，随着移动互联网的普及，图书馆还应考虑开发移动应用或响应式网站，以支持移动设备上的多媒体资源播放。这将有助于提高资源的可访问性和利用率。

3. 多媒体资源在教学与科研中的应用

多媒体资源在教学与科研中具有广泛的应用价值。在教学方面，教师可以利用音频、视频资源制作生动的课件，激发学生的学习兴趣；学生则可以通过观看教学视频进行自主学习和复习。图书馆应提供便捷的资源检索和下载服务，以支持教学活动的高效开展。

在科研方面，多媒体资源可以为研究人员提供丰富的实证材料和参考数据。例如，通过观看相关领域的专家讲座或纪录片，研究人员可以深入了解某一领域的研究动态和前沿知识。图书馆应定期更新多媒体资源库，确保资源的时效性和准确性。

为了更好地支持教学与科研工作，图书馆还可以开展多媒体资源利用培训活动，提高用户对资源的检索、下载和利用能力。同时，图书馆应积极与教学部门和科研机构合作，共同开发特色多媒体资源库或教学平台，以满足特定领域的教学与科研需求。这将有助于提升图书馆的服务水平和影响力，推动多媒体资源在教学与科研中的更广泛应用。

(三)开放数据与大数据资源的管理

开放数据与大数据资源作为新时代信息领域的重要组成部分,对图书馆的信息服务和管理能力提出了更高的要求。有效地管理和利用这些资源,不仅能够增强图书馆的信息储备,还能为用户提供更为精准和高效的服务。

1. 开放数据的收集与整理

开放数据指的是可以被任何人自由获取、使用、分享和再利用的数据。图书馆在收集开放数据时,应首先明确数据的来源,确保其权威性和准确性。这包括但不限于政府机构、科研机构、公共事业单位等发布的官方数据。在收集过程中,要注重数据的时效性,及时更新数据资源,以保证信息的准确性。

数据的整理工作同样重要。图书馆需要建立统一的数据存储和管理标准,对数据进行清洗、分类和标注。这一过程旨在提高数据的可用性和可检索性,便于用户快速定位到所需信息。同时,图书馆还应关注数据的长期保存问题,制订合理的数据备份和迁移策略,以防数据丢失或损坏。

2. 大数据分析工具与平台的选择

大数据分析工具与平台是处理和分析大数据资源的关键。图书馆在选择这类工具时,应充分考虑其性能、易用性和可扩展性。高性能的分析工具能够处理海量数据,提供实时的数据分析结果,而易用性则能降低使用门槛,让更多用户能够利用这些工具进行数据分析。

此外,图书馆还需关注平台的整合能力。一个优秀的大数据平台应能够与其他信息系统无缝对接,实现数据的共享和交换。这将有助于图书馆构建更为完善的信息服务体系,提升用户体验。

3. 数据可视化与决策支持系统的构建

数据可视化是将大量数据转化为视觉形式的过程,有助于用户更直观地理解数据背后的信息和趋势。图书馆在构建数据可视化系统时,应注重界面的友好性和交互性,让用户能够轻松探索和分析数据。同时,可视化系统还应支持多种数据格式的导入和导出,以满足用户多样化的需求。

决策支持系统的构建则是为了帮助图书馆管理者做出更明智的决策。这类系统通常基于大数据分析技术,能够实时提供关于图书馆运营状态、用户行为等多方面的数据报告。通过这些报告,管理者可以及时发现潜在问题,调整服务策略,以优化图书馆的整体运营效果。

第四章 图书馆特色资源建设

第一节 图书馆特色资源概述

一、特色资源的界定

按照《现代汉语词典》的解释，特色就是事物所表现出的独特的色彩、风格等。

在《辞海》里面，"特"被解释为"独""杰出的"等，"色"被解释为"颜色""景象"等，进而人们可以将"特色"理解为独特的、优秀的色彩和风格。

有学者将"特色"定义为"特色者，个性也"和"稳定的个性风貌"；也有人认为，所谓"特色"，就是高水平，就是"非我莫属""舍我其谁"。

尽管人们对"特色"的各种解释不尽相同，但从一般意义上，可以这样把握，"特色"是事物所表现出来的独特的、优秀的个性风貌，也就是指一定范围内该事物与众不同的独特风格，它是由事物赖以产生和发展的特定的具体的环境因素所决定的，是其所属事物独有的。同时，需要注意的是，特色不是永恒不变的，而是一个不断发展、动态变化、与时俱进的概念，现在的特色以后也许就不再是特色。

特色资源也就是"有特色的资源"，是图书馆资源这一整体之中有特色的那一部分。因此，特色资源是图书馆资源的有机组成部分。

图书馆特色资源便是指一个图书馆所收藏的文献信息资料具有自己独特的风格。这种独特主要有两层含义：一是指一个图书馆拥有独具特色的部分馆藏；二是指一个图书馆总的馆藏体系具有与众不同的特点。在实践中，当前已经建设的图书馆特色资源通常符合第一层含义。

从人类活动的行为与动机来看，图书馆特色资源的形成是行为的结果。考察行为的动机，人们可以从被动与主动两方面进行分析。

被动因素是指图书馆的服务性。服务功能是图书馆的基本功能，这种服务基于用户的需求，以满足用户需要为目标，用户有什么样的需求，图书馆就要据此提供什么样的服务。虽然在发展和反思中，图书馆的服务变得越来越积极主动，但服务始终要围绕用户的需求，两者的关系始终不变。

主动因素是指图书馆的社会职能。保护人类文化遗产是图书馆传统的社会职能，自图书馆伴随人类文明共同发展起就一直肩负着保存人类文化典籍的重任。《图书馆服务宣言》开篇有言：图书馆是通向知识之门，它通过系统收集、保存与组织文献信息，实现传播知识，传承文明的社会功能。这种保护和传承的社会职能并不完全向外诉诸用户需求，而是向内反思自身的管理，是主动去践行的职能。

着眼于被动因素，从内容与特征的角度，可以将图书馆特色资源概括为图书馆针对其用户的需求，以某一学科、专题、人物，某一历史时期、地域特点等为研究对象，依托该馆已有的馆藏信息资源，对更多文献信息资源进行收集（搜集）、整理、存储、分析、评价，并按照一定的标准和规范进行组织、管理，使其成为该馆独有或他馆少有的资源。它是该馆区别于他馆，且具有该馆独特风格的信息资源。

二、图书馆特色资源的特征

图书馆特色资源的特征通常体现在以下几个方面。

第一，"人无我有"，即独特性或特殊性，这是特色资源的本质表现，也是图书馆特色资源最根本的意义所在，它是图书馆特色资源存在的生命力和内在动力。

第二，"人有我优"，即杰出性或优质性，这就要求将图书馆特色资源不断进行优化，在质量上有突出表现。

第三，"人优我新"，即开拓性或创新性，这意味着图书馆特色资源不是永恒不变的，而是发展变化的，需要不断进行创新，获得可持续性发展。

第四，"人缺我全"，即系统性或完整性，这就要求图书馆特色资源在具备并且保障质的前提下，争取量的广度，建立较为完善的系统资源。

三、图书馆特色资源产生的背景

（一）图书馆读者需求

随着我国高等教育的发展和民众文化素质的提高，不论高校图书馆还是公共图书馆大众化的馆藏资源的有限性越来越明显，越来越不能满足广大高校师生和普通民众的科研和学习需要。在这种情况下，人们需要图书馆进行新的布局和新的资源配置。

人类历史发展经验告诉，推动某一事物向前发展的真正动力，莫过于社会对该事物的强烈需求。图书馆特色资源，正是应对社会的需求而产生的。

对效率和效能的追求是图书馆特色资源产生的推动力。旧的图书馆资源格局在效率至上的现代社会显得落后、低效，用户对资源的利用率低，查找成本高，已经不适应社会的发展。对效率的本能追求推动图书馆打破僵局，锐意改革，提高效能。同时，由于各种文献价格大幅上涨及其他诸多因素，经费紧缺的图书馆越来越陷入窘境。为更好地满足读者的文献要求，部分图书馆采取保品种减复本、保期刊减图书或保中文减外文等文献购置的权宜措施。这些方法实践起来往往力不从心，也没有收到满意的效果。如果加强图书馆特色资源建设，图书馆就可以集中经费购置特色文献，减少非特色文献的经费开支，从而使有限的经费发挥出更大的效益，缓解经费紧缺的矛盾。这一现实也迫使图书馆从根本上寻求解决问题的方法。

（二）图书馆资源不均衡性和稀缺性

不论何种资源，在分布上都不是均衡和平均的。彼此的差异和量的多寡导致特色的形成，需求则催化了稀缺性的彰显，结果往往造成争夺，而争夺的结果又会导致稀缺性的加剧。图书馆掌控的资源量是有限的，当图书馆某些资源的稀缺性日益明显，特色便瞩目起来。从这个意义上讲，图书馆特色资源的产生可以归结为图书馆有限资源的不均衡性和稀缺性。

（三）社会生产力发展带来的广泛影响

人类文明发展的过程也是知识的增长和积累的过程。随着知识爆炸时代的到来，信息量激增，单个图书馆的有限馆藏信息资源，已经远远不能满足人们对信息的需求；同时，不论是纸质文献还是电子文献在数量上都浩如烟海，加上馆藏成本上涨和图书馆经费的有限，任何一个图书馆都不可能，也没有必要对所有文献进行全面收藏。单纯追求馆藏体系的完备,以期自给自足地满足读者的需求是根本不现实的,也是不可能的。图书馆的馆藏不可能再按照"大而全"、"小而全"的老路走下去。为了充分满足广大用户对特色资源的需求,为了提高自己的生存竞争力,图书馆必须加强特色资源建设。唯有如此,图书馆才能在激荡不停的社会变革中拥有稳固的立足点,才能吸引读者的目光,受到读者的青睐,焕发勃勃生机。

在新的社会环境下,图书馆的价值不再单纯以其拥有的馆藏规模和广度来衡量,而是以它为读者提供所需信息的能力来衡量。图书馆要想在新的信息环境中求得生存和发展,并彰显自己的优势和价值,唯一的出路就是建设好特色资源,并充分利用其特色资源为学校教学科研和地区经济建设服务。

(四)哲学思考带来的思想转向

按照文化哲学的观点,多元化、平面化已成为时代发展的特点,国际化、全球化、知识经济和跨文化是21世纪塑造当今世界的四种相互作用的力量。这四种力量投射到图书馆资源的发展上面,就是多元化及协作共享。在这种思想指引下,图书馆改变死板单一的模式,对馆藏、服务等多方面进行全面反思,发掘特色资源、建设特色资源,既改变了格局的单调守旧,又加强了与外界的联系。把图书馆资源看作平面,特色资源就是突出的一个又一个点;不同的图书馆建设自己独特的特色资源,图书馆资源逐渐变得多元化。以特色资源为基础和内容加强共享,也是促进图书馆跨领域协作的过程。

第二节 图书馆特色资源类型

一、信息特色资源

随着科技的日新月异,信息化已成为现代社会发展的显著特征,它不仅引领了多个行业的创新变革,更代表了现代图书馆的前进方向。在这一背景下,信息资源在图书馆资源体系中的地位日益凸显,其重要性不言而喻。图书馆,作为知识的殿堂,正积极拥抱这一变革,将传统资源与信息技术深度融合,从而催生出一种新型的资源形态——信息特色资源。

信息特色资源,顾名思义,是图书馆在信息化进程中,结合自身特色和读者需求，精心打造的一系列具有独特价值和吸引力的资源。这些资源既涵盖了传统的实体馆藏，如珍稀古籍、特色图书等，也包括了非实体的数字资源，如电子书籍、数据库、多媒体资料等。它们共同构成了图书馆信息特色资源的丰富内涵。

实体资源作为图书馆的基础，承载着厚重的历史文化底蕴。珍稀古籍、地方文献等实体资源，不仅见证了人类文明的发展历程，也为学者研究提供了宝贵的原始资料。这些资源的独特性和稀缺性，使其成为图书馆信息特色资源的重要组成部分。

然而，在信息化浪潮的推动下，非实体资源的地位逐渐凸显。电子书籍的便捷性、数据库的丰富性、多媒体资料的生动性，使得非实体资源在图书馆服务中占据了一席之地。这些资源不仅拓宽了图书馆的服务范围，也极大地提高了信息获取的效率和准确性。

二、服务特色资源

服务特色资源，这是图书馆中一种非常特殊的非实物资源。它并非以物质形态存在，但却在图书馆的每一个角落、每一个细节中都能感受到它的存在。这种资源实际上是图书馆在服务过程中所形成的独特风格和氛围，是图书馆精神和文化的体现。

当我们走进不同的图书馆，会明显感受到它们各自不同的服务气息。有的图书馆以温馨舒适见长，有的则注重专业性和学术研究，还有的可能更偏向于社区服务和儿童阅读推广。这些不同的服务风格和重点，就是服务特色资源的具体表现。

在现代图书馆的发展中，推行特色服务已经成为一种趋势。这不仅是图书馆为了更好地满足读者多样化需求而做出的努力，也是图书馆在激烈的市场竞争中寻求差异化发展的一种策略。特色服务可以包括但不限于定制化的阅读推荐、专业的参考咨询、丰富多彩的读者活动、便捷的数字化服务等。

服务特色资源的形成并非一蹴而就，它需要图书馆在长期的服务实践中不断摸索和创新。每一个成功的服务案例，都可能成为图书馆服务特色资源的一部分。而这些特色资源，又会进一步吸引更多的读者，形成良性循环。

此外，服务特色资源也是图书馆特色资源的有机组成部分。它与图书馆的实体资源、信息特色资源等共同构成了图书馆独特的资源体系。在这个体系中，服务特色资源扮演着至关重要的角色。它不仅是图书馆与读者之间沟通的桥梁，更是图书馆品牌形象的重要载体。

因此，对于现代图书馆来说，重视和开发服务特色资源显得尤为重要。这不仅能够提升图书馆的服务质量和水平，还能够增强图书馆的吸引力和影响力，从而更好地服务于社会和读者。

三、环境特色资源

环境特色资源，这一术语或许对许多人来说相对陌生，但当我们提及图书馆建筑本身的特色时，其含义便豁然开朗。图书馆，这一伴随人类文明发展而来的神圣殿堂，在世界各地已如雨后春笋般涌现，数量之多，难以计数。在这众多的图书馆中，不乏有成为某个区域乃至整个学校标志性建筑的佼佼者，它们不仅承载着知识的海洋，更是人类建筑遗产与建筑文化中不可或缺的一部分。

有人说，每一座图书馆都蕴藏着一个国家或一个城市的历史记忆。这不仅仅是因为馆内珍藏的书籍和资料，更因为图书馆建筑本身所承载的文化底蕴和历史烙印。这些建筑，无论是古朴典雅的中式风格，还是庄重典雅的欧式建筑，都以其独特的魅力，向人们诉说着过去的故事，展示着历史的厚重。

图书馆的内部结构，同样是其特色资源的重要组成部分。从宽敞明亮的阅览室到静谧舒适的自习室，再到充满科技感的电子阅览室，每一处设计都凝聚着建筑师的心血与智慧。这些内部结构不仅为读者提供了一个舒适、便捷的学习环境，更在无形中体现着图书馆独有的特点和文化氛围。

因此，当我们谈论图书馆特色资源时，绝不能忽略其建筑特色在其中的重要地位。图书馆的建筑风格、内部结构以及所蕴含的历史文化，都是其特色资源的有机组成部分，它们共同构成了一个完整的图书馆形象，使其在众多图书馆中脱颖而出，成为读者心中的独特记忆。

第三节　图书馆特色资源建设存在问题及策略

在信息时代，图书馆特色资源建设显得愈发重要，它不仅关系到图书馆的核心竞争力，也是吸引读者、提升服务质量的关键因素。然而，在实际操作过程中，图书馆特色资源建设仍存在诸多问题，亟待解决。

一、图书馆特色资源建设存在的问题

（一）缺乏明确定位与规划

在图书馆特色资源建设过程中，明确的定位与科学的规划是确保项目成功的基石。然而，目前不少图书馆在这方面存在明显的不足。

1. 特色资源建设目标模糊

特色资源建设的首要任务是明确目标，即要确定图书馆想要打造的特色资源是什么，以及这些资源将为哪一类读者群体服务。然而，在现实中，很多图书馆对特色资源的定义模糊不清，缺乏针对性的目标设定。这种情况下，图书馆往往难以形成独具特色的资源体系，也无法有效地吸引和服务于目标读者。模糊的目标不仅导致资源建设的无序性，还可能造成资源的浪费和重复建设。

2. 缺乏长期规划与持续发展策略

除了明确的目标外，长期的规划和持续的发展策略对于特色资源建设同样至关重要。遗憾的是，许多图书馆在这方面也显得力不从心。没有长远的规划，图书馆可能无法在特色资源建设上保持连贯性和持续性，进而影响资源的累积效应和品牌形象的塑造。同时，缺乏持续发展策略也意味着图书馆难以应对外部环境的变化，如读者需求的变化、技术进步等，从而限制了特色资源建设的深度和广度。

（二）资源同质化与重复建设

在图书馆特色资源建设中，资源的独特性和差异性是吸引读者的关键。然而，当前存在的问题是资源的同质化和重复建设。

1. 不同图书馆间的资源重复

由于缺乏统一的协调和指导，不同的图书馆在特色资源建设上往往出现重

复劳动的现象。这种重复不仅体现在资源的采集和整理上，更体现在资源的主题和内容上。例如，多个图书馆可能同时选择某一热门领域或主题作为特色资源进行建设，导致大量相似的资源被不同图书馆重复收藏和整理。这种资源的重复建设不仅浪费了人力物力，也削弱了图书馆特色资源的独特性和吸引力。

2. 特色资源未能真正体现"特色"

特色资源的核心在于其独特性和差异性，即能够体现出图书馆自身的特色和优势。然而，在实际操作中，许多图书馆的特色资源并未能真正体现出其"特色"。这可能是因为图书馆在资源建设过程中缺乏对自身特色和优势的深入挖掘和理解，导致所建设的特色资源与其他图书馆的资源相比并无明显差异。这种缺乏特色的特色资源不仅难以吸引读者，也无法提升图书馆的核心竞争力。

（三）技术应用与创新不足

在信息化时代，技术的应用和创新是推动图书馆特色资源建设的重要动力。然而，目前许多图书馆在这方面仍存在明显的短板。

1. 数字化、信息化技术应用滞后

随着数字化、信息化技术的飞速发展，图书馆在特色资源建设过程中应充分利用这些先进技术以提升资源的获取、整理和利用效率。然而，目前不少图书馆在数字化、信息化技术的应用上显得滞后。这可能是因为图书馆缺乏相关的技术人才和设备投入，导致无法充分利用先进技术来优化特色资源建设流程。这种滞后不仅影响了资源的利用效率，也限制了图书馆特色资源建设的创新和发展。

2. 缺乏创新性的资源展示与服务方式

除了技术应用上的滞后外，许多图书馆在特色资源的展示和服务方式上也缺乏创新性。传统的静态展示方式和单一的服务模式已经无法满足现代读者的多样化需求。图书馆需要探索更加生动、互动的资源展示方式，以及提供个性化的服务来满足读者的不同需求。然而，目前许多图书馆在这方面仍显得保守和陈旧，缺乏创新意识和行动力。这种缺乏创新性的展示和服务方式不仅降低了读者的使用体验，也制约了图书馆特色资源的影响力和吸引力。

（四）资金投入与人才短缺

图书馆特色资源建设是一个系统工程，涉及资源的收集、整理、数字化、保存等多个环节，这些环节都需要大量的资金投入和专业人才的支撑。然而，在当前的图书馆特色资源建设中，资金投入不足和人才短缺成为制约其发展的重要因素。

1. 特色资源建设经费不足

特色资源建设需要购买专业设备、软件以及进行资源的数字化处理等，这些都需要大量的经费支持。然而，目前很多图书馆在特色资源建设方面的经费投入远远不能满足实际需求。经费的短缺导致图书馆无法购买先进的设备和技术，也无法进行大规模的资源数字化工作，从而限制了特色资源建设的进度和质量。此外，经费的不足还可能影响到图书馆对特色资源的持续投入，使得一些有价值的资源无法得到及时的开发和利用。

同时，由于图书馆通常依赖于政府或机构的拨款，而这些资金的分配往往受到多种因素的影响，包括政策导向、经济状况等。因此，经费的稳定性也是一个重要的问题。缺乏稳定的经费支持，图书馆在特色资源建设上就难以进行长期规划，也无法保证项目的持续推进。

2. 专业人才缺乏，影响建设质量

图书馆特色资源建设不仅需要图书馆学、信息管理、计算机技术等多方面的专业知识，还需要对特色资源有深入的了解和研究。然而，目前图书馆界普遍缺乏这方面的专业人才。现有的图书馆工作人员可能具备图书馆学的基本知识，但在特色资源建设所需的专业技能和知识方面往往存在不足。这种人才的短缺直接影响到特色资源建设的质量和效率。

此外，特色资源建设还需要具备创新思维和前瞻性的人才，能够在资源的挖掘、整理和利用方面提出新的想法和解决方案。但目前图书馆界在这方面的人才储备也显得捉襟见肘。人才的缺乏不仅限制了图书馆特色资源建设的创新和发展，还可能导致资源的浪费和低效利用。

（五）合作与共享机制不健全

在信息化时代，图书馆之间的合作与资源共享显得尤为重要。然而，在当前的图书馆特色资源建设中，合作与共享机制并不健全，这在一定程度上制约了特色资源建设的发展。

1. 馆际合作与资源共享程度低

图书馆之间的合作与资源共享可以促进资源的优化配置和高效利用，避免资源的重复建设和浪费。然而，目前很多图书馆在特色资源建设上仍然各自为战，缺乏有效的合作机制。这可能是由于各图书馆之间缺乏有效的沟通渠道和合作平台，也可能是因为各图书馆在资源建设上存在竞争关系，导致合作意愿不强。

此外，一些图书馆可能存在对资源共享的误解和担忧，担心共享资源会损害自身的利益。这种心态也阻碍了馆际合作与资源共享的深入发展。缺乏合作与共享，不仅会导致资源的浪费和重复建设，还可能限制图书馆特色资源建设的创新和发展空间。

2. 缺乏统一的标准与规范

在图书馆特色资源建设中，统一的标准和规范是保证资源共享和互操作性的基础。然而，目前很多图书馆在特色资源建设上缺乏统一的标准和规范，导致资源的格式、分类、标引等方面存在差异。这种差异不仅影响了资源的共享和利用效率，还可能造成资源的误解和误用。

同时，缺乏统一的标准和规范也使得各图书馆在特色资源建设上难以形成合力，无法充分发挥各自的优势和特长。因此，建立统一的标准和规范是促进图书馆特色资源建设发展的重要一环。这需要图书馆界、标准化机构以及相关政府部门共同努力，制订和完善相关的标准和规范体系。

二、图书馆特色资源建设策略

在信息化和数字化的时代背景下，图书馆特色资源建设已成为提升图书馆核心竞争力的关键。针对前文提及的问题，本文提出以下策略，以期指导图书馆更为科学、系统地进行特色资源建设。

（一）明确特色资源定位与规划

特色资源的定位与规划是图书馆特色资源建设的基石，它决定了资源建设的方向和目标，影响着资源建设的全局。

1. 结合本馆实际，制订明确的建设目标

图书馆在进行特色资源建设时，应首先对本馆的实际情况进行深入分析，包括馆藏资源、服务对象、地域文化、学科特色等多个方面。基于这些分析，图书馆可以确定自身在资源建设方面的优势和劣势，进而制订出符合自身特点的特色资源建设目标。例如，如果图书馆位于历史文化名城，那么可以将地方文献、历史文化资源作为特色资源进行重点建设；如果图书馆主要服务于某一特定学科领域的研究人员，那么可以将该学科领域的专业资源作为建设重点。明确的建设目标有助于图书馆集中力量，形成独具特色的资源优势。

2. 制订长期规划与分阶段实施计划

特色资源建设是一个长期且持续的过程，需要图书馆制订详细的长期规划和分阶段实施计划。长期规划应明确特色资源建设的总体目标、发展方向和重点任务，为图书馆的特色资源建设提供宏观指导。分阶段实施计划则是将长期规划细化为具体的操作步骤和时间节点，确保特色资源建设能够有序推进。例如，图书馆可以制订一个五年规划，明确每年需要完成的资源收集、整理、数字化等任务，以及预期达到的目标和效果。通过制订并实施长期规划与分阶段计划，图书馆能够确保特色资源建设的连贯性和持续性，逐步形成独具特色的资源品牌。

（二）深入挖掘与整合特色资源

特色资源的挖掘与整合是图书馆特色资源建设的核心环节，它直接关系到资源的质量和数量，以及资源体系的完整性和独特性。

1. 依托地域文化、学科特色等挖掘资源

图书馆应充分利用地域文化和学科特色等优势资源，进行深入挖掘和整理。地域文化资源包括地方志、地方文献、民俗风情等，这些资源具有鲜明的地域特色和历史文化价值，是图书馆特色资源建设的重要来源。学科特色资源则是指某一学科领域的专业文献、研究成果等，这些资源对于特定学科领域的研究具有重要的参考价值。通过深入挖掘这些资源，图书馆可以丰富特色资源的内涵和外延，提升其独特性和价值性。

2. 通过整合与创新，形成独特资源体系

在挖掘资源的基础上，图书馆还需要对这些资源进行整合和创新，形成独具特色的资源体系。整合是指将不同来源、不同类型的资源进行有机融合，形成一个完整、系统的资源集合。创新则是指在整合的基础上，通过技术手段或内容加工等方式，增加资源的附加值和利用率。例如，图书馆可以利用数字化技术对地域文化资源和学科特色资源进行加工处理，形成数字化的特色资源库或专题数据库；同时，还可以通过开展学术研究、编撰出版物等方式，对特色资源进行深度开发和利用。通过这些整合与创新措施，图书馆可以构建出独具特色的资源体系，提升自身的核心竞争力。

（三）加强技术应用与创新

技术应用与创新是图书馆特色资源建设的重要支撑和推动力。在现代信息技术的支持下，图书馆可以更加高效地收集、整理和利用特色资源，提升服务质量和效率。

1. 利用先进技术提升资源数字化水平

数字化技术是图书馆特色资源建设的重要手段之一。通过利用先进的数字化技术，如OCR识别、数据挖掘等，图书馆可以将纸质文献、图片、音频视频等多媒体资源转化为数字化的信息格式，便于存储、检索和利用。同时，数字化技术还可以帮助图书馆对特色资源进行深度加工和标引，提高资源的可发现性和可利用性。例如，通过建设特色资源库或专题数据库，图书馆可以为读者提供更加便捷、高效的资源检索和服务体验。

2. 创新服务模式，提供个性化服务

在信息化时代，读者的信息需求日益多样化和个性化。为了满足不同读者的需求，图书馆需要创新服务模式，提供个性化的服务。首先，图书馆可以利用大数据技术对用户行为数据进行分析和挖掘，了解读者的阅读习惯和兴趣偏好，从而为其推荐相关的特色资源。其次，图书馆可以通过建立用户画像、构建用户社区等方式，提供更加精准的个性化服务。此外，图书馆还可以利用社交媒体、移动应用等新型服务平台，拓展服务渠道和方式，提高服务的覆盖面和便捷性。通过这些创新服务模式的应用，图书馆可以更好地满足读者的个性化需求，提升服务质量和用户满意度。

（四）加大资金投入与人才培养

资金与人才是图书馆特色资源建设的两大关键要素。缺乏足够的经费支持和专业的人才队伍，特色资源建设工作将难以持续推进。因此，必须重视资金投入的保障和专业人才的培养。

1. 多渠道筹措资金，保障建设经费

特色资源建设往往需要大量的资金投入，用于资源的收集、整理、数字化处理、保存以及服务平台的搭建等。为了解决资金短缺的问题，图书馆应该积极拓展资金来源，采取多渠道筹措资金的方式。首先，可以争取政府部门的财政支持，通过申报项目、申请专项资金等途径，获取稳定的经费来源。其次，

可以与企事业单位合作，寻求赞助或资金支持，实现资源共享和互利共赢。此外，还可以考虑设立基金会或接受社会捐赠，动员社会力量参与图书馆特色资源建设。

在资金筹措过程中，图书馆还应注重资金使用的透明度和效益评估，确保每一笔资金都能用到刀刃上，最大限度地提高资金的使用效率。同时，要建立健全的财务管理制度，规范经费使用流程，防止资金浪费和挪用。

2. 加强专业人才引进与培训，提升队伍素质

专业人才是图书馆特色资源建设的核心力量。针对当前专业人才缺乏的问题，图书馆应采取有力措施加强人才引进与培训。一方面，可以通过校园招聘、社会招聘等方式，积极引进具有图书馆学、信息管理、计算机技术等专业知识背景的人才，为特色资源建设注入新鲜血液。另一方面，要加强对现有工作人员的培训和教育，提高他们的专业素养和技能水平。可以通过定期举办业务培训、学术交流活动，或者邀请专家学者进行讲座指导，帮助工作人员掌握最新的理论知识和实践技能。

此外，图书馆还应建立完善的激励机制，为专业人才提供良好的职业发展平台和晋升空间。通过设立科研项目、创新实践等方式，鼓励专业人才积极参与特色资源建设工作，激发他们的创新活力和工作热情。

（五）建立完善的合作与共享机制

在信息化时代，图书馆之间的合作与资源共享显得尤为重要。建立完善的合作与共享机制，不仅可以优化资源配置，还能提高图书馆的服务水平和影响力。

1. 加强馆际合作，实现资源共享

图书馆应摒弃传统的孤立发展模式，积极寻求与其他图书馆的合作与交流。通过馆际互借、文献传递、联合编目等方式，实现资源的共享和利用。这种合作模式不仅可以缓解单个图书馆资源不足的问题，还能促进资源的优化配置和高效利用。同时，各图书馆之间可以共同开展特色资源建设项目，集思广益、分工协作，形成合力推动特色资源建设的深入发展。

在加强馆际合作的过程中，图书馆还应注重合作机制的构建和完善。可以成立图书馆联盟或合作协会等组织，制订明确的合作章程和协议，规范各成员馆的权利和义务。通过定期召开合作会议、开展业务交流等方式，增进彼此之

间的了解与信任，推动合作关系的不断深化和发展。

2. 制订统一的标准与规范，促进互联互通

为了实现资源的有效共享和互操作，图书馆应制订统一的标准和规范来指导特色资源建设工作。这包括资源的分类标准、元数据格式、数据交换协议等方面。通过遵循统一的标准和规范，各图书馆之间可以更加顺畅地进行资源共享和交换，提高资源的可发现性和可利用性。

在制订标准和规范的过程中，图书馆应充分考虑国际通用标准和行业发展趋势，确保所制订的标准和规范具有前瞻性和可扩展性。同时，要加强对标准和规范的宣传和推广工作，提高各图书馆对标准和规范的认知度和遵循度。通过制订和实施统一的标准与规范，促进图书馆之间的互联互通和协同发展。

第五章　图书馆文献资源的共建共享研究

第一节　图书馆文献资源共建共享的意义

随着大数据、5G通信等信息技术的飞速发展，图书馆资源建设呈现出新的特征，尤其是一些大型综合性和专业性图书馆正在进行新的跃迁，图书情报资料的共建共享工作面临新的挑战。新形势下，如何推进图书馆资源建设进程，提高信息资源联合服务能力，有效开展图书馆图书情报资料共建共享非常重要。

一、有助于减少重复建设和遗漏

面对当今各类文献资源数量的急剧增长、价格上涨及用户需求的不断增加，限于经费、空间等客观因素，任何图书馆都不可能全面收集所有资源，几乎所有图书馆都面临经费不足的问题。而在缺乏整体规划和合作协调的情况下，每个图书馆只能以完善自身信息资源建设体系为主要目的进行采集。这种各行其是的信息资源建设方针所导致的必然结果就是各馆的资源一方面会相互重复，缺乏自身特色，另一方面又会遗漏许多重要的、有价值的文献，从而大大降低整体信息资源的完备性和保障能力，同时从整体上看会降低经费的使用效率。

信息资源共建共享的总要求是各馆要将本馆的信息资源看作整体信息资源的一部分，并纳入统一的信息资源体系加以规划和建设。各馆应致力于建设本馆有重点有特色的信息资源体系，通过优化本馆的信息资源结构，使本馆的资源能够最大限度地完成本馆的服务任务并满足服务对象的需求。从宏观上看，这样做可以最大限度地减少信息资源建设的重复和遗漏，提高整体信息资源系统的保障能力。

二、有利于投入的最优化使用

用有限的经费获取尽量多的资源，是信息资源建设过程中需要遵循的主要原则，目的是实现文献资源共建共享，使图书馆能够按照整体规划要求，集中购买能够体现本馆重点与特色的学科和类型的书刊资料文献，并保证其完整程度，避免将经费浪费在利用率较低的文献上。近年来，许多图书馆组建联盟，以集团购买的形式采集数字化资源，大大节约了信息资源建设的成本，提高了经费的使用效益，这也是信息资源共建共享行之有效的一种形式。

三、大幅度提高馆藏资源的利用率

由于空间、经费等原因限制，每个图书馆的资源都是有限的，用户的需求又是不断变化和日益增加的。大多数图书馆会存在信息资源不足以满足用户需求的情况，同时也会存在馆内部分资源利用率较低的情况。通过文献资源的共建共享，可以大大扩大图书馆的用户范围，使其面对的不仅是本馆用户，而且面向所合作的各个信息机构的用户。这样一来，一些对于本馆用户来说利用率不高的资源很有可能是其他馆用户所需要的。通过文献资源共建共享，不但可以把图书馆利用率低的资源进行盘活，提高馆藏资源的利用率，而且还可以在更大范围内提高用户的满足率，更好地满足用户的资源需求。

四、有利于实现信息获取公平

文献资源共建共享的最终目的是保障社会的全体成员能够无障碍地获取信息资源。平等、自由地获取信息，是我国宪法赋予每个公民的重要权利。由于我国存在不同地区经济、文化发展不平衡的状况，发达地区的信息资源比较丰富，而欠发达地区则信息资源缺乏，信息资源分布不均又会加大经济、文化发展的差距，从而影响社会的和谐发展。信息资源共建共享，实质上是对信息资源在全社会进行合理配置，有利于消除地区间的信息鸿沟，保障每个公民的基本文化权利，进而促进社会的和谐发展与全面进步。

第二节 图书馆文献资源共建共享的内容

图书馆文献资源共享的内容和方法有多种，但确定什么内容和采取何种方法，要根据特定的环境和条件而定。

一、编制文献资源的联合目录

馆藏文献资源联合目录是揭示和报道一定文献资源共享网内各图书情报机构文献资源收藏状况的重要手段，是用户共享一定网络内文献资源的重要工具。如果没有馆藏文献资源联合目录，用户就不可能知晓共享网络内其他图书情报机构的文献资源收藏状况，也就不便检索和共享网络内其他图书情报机构的相关文献资源。因此，人们在实行文献资源共享时，都十分重视馆藏文献资源联合目录的编制。

馆藏文献资源联合目录种类多样。从范围上看，有全国性馆藏文献资源联合目录、地区性馆藏文献资源联合目录、系统性馆藏文献资源联合目录；从文种上看，有中文馆藏文献资源联合目录、外文馆藏文献资源联合目录；从学科上看，有综合性馆藏文献资源联合目录、专科性馆藏文献资源联合目录；从时间上看，有现期馆藏文献资源联合目录、回溯性馆藏文献资源联合目录；从文献类型上看，有馆藏图书联合目录、馆藏期刊联合目录、馆藏专利文献联合目录等。不同种类的馆藏文献联合目录，各自有不同的特点和功用，而编制全国性的或综合性的馆藏文献联合目录，更能适应文献资源在更大范围内共享的要求。

在我国编制的馆藏文献资源联合目录中，全国性、综合性的显少，而地区、系统性的则居多。如编制了大量地区性馆藏外文原版图书联合目录、系统性外文期刊联合目录、地区性馆藏新书通报等。虽然这些馆藏文献联合目录在文献资源共享中起到了很好的作用，但由于还不能全面揭示全国范围内馆藏文献资源的详细状况，与文献资源共享的更高要求相距甚远。为此，不同地区、不同系统的图书情报机构，可根据各自的条件和用户需求特点及馆藏文献资源状况，以大局为重，通力协作，在编制本地区、本系统馆藏文献资源联合目录的基础上，逐步编制更多种类的全国性、综合性的馆藏文献资源联合目录，以揭示全国范围内馆藏文献资源。并要做到综合与专科、中文与外文、现时与回溯、印刷型与机读型的馆藏文献资源联合目录兼而有之。这样，才能向用户提供种类齐全、数量众多的文献资源共享检索工具。

二、发放通用借阅证

发放通用借阅证是实现某一地区内文献资源共享的重要手段。这里所说的地区是指国家的直辖市、省属地（市）及规模较大的城市。用户可利用在同一地区内地域相距较近，交通便利等方面的有利条件，携带本地文献资源共享网图书情报机构联合发放的通用借阅证，到文献资源共享网内的任何一个成员图书情报机构外借或室内阅览其馆藏文献资源。

发放通用借阅证需要一定的程序，其目的在于体现通用借阅证的严肃性和协调性。第一步，文献资源共享网中的成员图书情报机构首先要有发放通用借阅证的共同意向；第二步，召开文献资源共享网内成员图书情报机构协商会，确定通用借阅证的管理办法和用户持证借阅规则，在借阅规则中要明确规定借阅范围、借阅期限及损坏、丢失馆藏文献的赔偿办法；第三步，签发通用借阅证，在通用借阅证上，要注明其使用的范围，签发机构盖章方能有效。如无签发机构章，文献共享网中的成员图书情报机构联合盖章也可。

在使用通用借阅证的过程中，一方面，文献资源共享网中的任何一个成员图书情报机构，都应像对待本单位用户一样，热情而周到地为持证用户服务，并且这种服务应该是无偿的，否则，就违背了通用借阅证的通用性。另一方面，要教育用户严格遵守持证借阅规则，一旦发现用户有违犯之处，应给予相应处理，这样，才能保证通用借阅证的严肃性。

三、馆际互借

馆际互借是图书情报机构之间用互借馆藏文献资源的方式，互通有无，来满足用户需求，达到文献资源共享目的的一种方法。馆际互借除可在本地区、本系统文献资源共享网中进行外，还可超越本地区、本系统文献资源共享网的界限，在更大范围乃至全国范围内进行。但馆际互借双方事先要在自愿的前提下，办理好馆际互借关系方可进行。

馆际互借一般适用于用户在使用本地区通用借阅证不能满足对馆藏文献资源需求时，先由借方向借出方发出需求函，借出方将借方所需馆藏文献资源邮回。馆际互借是在图书情报机构之间进行的，一般不通过用户办理互借手续。

由此可见，馆际互借是一个复杂的互借过程，馆际互借任务大的图书情报机构应有专门负责此项工作的人员。另外，还要制订相应的馆际互借制度，以保证此项工作的正常开展。馆际互借一般应遵循互利、无偿的原则进行，但对于那些承担馆际借出任务大的图书情报机构，因其负担了较多的费用，可由借方承担邮寄等所需费用。

四、馆藏文献资源复制

馆藏文献资源复制是一种比较简便易行的文献资源共享方法。一般是指对于那些使用频率较高，而本图书情报机构又没有收藏的文献资源，可采用复制别的图书情报机构的馆藏文献资源，来满足用户的需求。这种文献资源共享的方法一般是在文献资源共享网中进行的，但如果网中的图书情报机构没有收藏所需的文献，也可复制网外图书情报机构的馆藏文献资源。

馆藏文献复制的程序是，先由需求方根据用户的需求向供方发出需求函，供方按需求复制后邮回。当然，如果供方与需方相距较近，需方可直接派人去供方复制。复制的方法有多种，一般印刷型文献可采用静电复制，缩微文献可采用缩微复制，视听文献可采用复录。但在复制馆藏文献资源时应有法律意识，对按规定不能进行复制的那些馆藏文献资源，需方不应向供方提出复制要求，供方也不能复制。因复制馆藏文献供方需要支付设备、材料等费用，所以，供方可向需方收取一定的费用。因这种以文献资源共享为目的的馆藏文献资源复制不同于以营利为目的的文献复制，所以，其收费标准应以收取成本费为限。

五、编发馆藏文献资源信息内部刊物

编发馆藏文献资源信息内部刊物是一种促使用户主动利用馆藏文献资源，达到文献资源共享目的的一种方法。它是通过图书情报机构编发的馆藏文献资源信息内部刊物，如《馆藏文献资源信息通报》《馆藏文献资源信息汇丛》《半月文献荟萃》《每日文献要闻》等，向社会传递馆藏文献资源信息，在引起用户阅读兴趣的前提下，去主动利用馆藏文献资源。因此，各类型图书情报机构都应十分重视编发馆藏文献资源信息刊物，以更好地实现文献资源共享。

六、文献数据库资源共享

文献数据库资源共享不同于传统的文献资源共享方法，是一种较高层次的文献资源共享方法。这是因为文献数据库是计算机可读的、有组织的相关文献信息的集合。在文献数据库中，文献的信息符号不是传统的文字，而是将文字用二进制编码方式表示。按照一定的结构，有组织地存储在计算机中，从而使计算机能识别处理，同时，可通过通信网络进行联机对其检索利用。因此，利用文献数据库，能快速准确地在更大范围内（包括国家、世界）实行文献资源共享。

文献数据库一般包括文献数据库、索引数据库、书目数据库、全文数据库和混合数据库。现阶段我们所说的文献数据库资源共享主要包括图书情报机构自行或联合建成的书目数据库资源共享和全文数据库资源共享。目前发达国家已建成了许多文献数据库。我国也已建成了一定数量的文献数据，今后我国文献数据库资源共享的重点应放在建立全文数据库上，将国家的一些重要而又常用的馆藏文献资源有计划、有重点地转换成全文数据库，并提供给社会共享。随着电子出版物的大量出现和图书情报机构对全文信息开发技术的成熟，以数据形式出现的全文数据库在图书情报机构中将得到广泛应用。

第三节 图书馆文献资源共建共享的模式

多年的理论和实践研究表明，图书馆联盟是信息资源共建共享的主要模式，图书馆联盟不同于协会，不是一个行业性的组织，也有异于学会，它并不以学术研究为目的。它是指为了实现资源共享、利益互惠的目的而组织起来的，受共同认可的协议和合约制约的图书馆联合体。图书馆联盟是图书馆在现代社会中的生存模式，也是当今图书馆的发展方向。

一、文献资源共建共享的国外主要模式

（一）OCLC模式

联机计算机图书馆中心（Online Computer Library Center，以下简称OCLC）是一个非营利的图书馆合作会员制组织。美国俄亥俄州54所大学的校长和学院的院长于1967年共同创立了一个州内大学图书馆的合作联盟，目的是共享资源与降低成本，最初名称为俄亥俄大学图书馆中心（Ohio College Library Center），1981年改为现名。

1. OCLC模式的愿景和使命

自成立以来，OCLC始终恪守一条明确的宗旨，即"致力于促进世界信息访问和减少图书馆成本"，通过会员制合作方式开展合作编目、馆际互借和文献传递、合作参考咨询等多种服务，形成了一种良性循环机制。这种机制促使其不断发展壮大，经过数十年的不断努力，OCLC把服务扩大到全世界，其影响超过了规模庞大的美国国会图书馆。

OCLC的使命是通过图书馆合作机制为人们提供知识，愿景是全球图书馆互联合作无障碍。多年来，OCLC始终牢记自己的使命，通过开展研究，帮助各个机构克服面临的各种困难，他们通过共享服务，帮助图书馆更高效地运营，让他们能够集中更多时间和资源去实现目标。此外，OCLC还提供成员图书馆所需的工具和数据，让他们能够兑现对所服务的社区和校园做出的承诺。

近年来，OCLC利用基于云技术的基础架构，构建全球网络连接各个图书馆，共同管理和共享全球知识，并形成致力于图书馆事业价值的群体。

在发展过程中，OCLC始终坚持以协作为基础，从最初美国俄亥俄州54所大学图书馆组成的州际高校图书馆网络，发展成为全球一百多个国家和地区的成千上万个不同类型的图书馆、博物馆和信息机构组成的合作网络。

在加强与图书馆合作的同时，OCLC还不断加强与大学、出版社、数据库集成商、电子书提供商、非营利性的数字化项目、基金会、网络公司等的合作，从而推进图书馆在新时代信息资源和信息技术的共享与协作。

2. OCLC模式的运行模式

从管理方式上可以看出，OCLC建立并逐步完善了一整套会员制管理机制。OCLC的成员馆通过这种机制得以行使自己的职责和权利，从宏观上监管

OCLC章程的执行情况、经营策略以及未来发展趋向等。OCLC监管机制自下而上由OCLC的成员馆、地区理事会、全球理事会、董事会组成，所有管理成员馆通过选举地区理事会和全球理事会的代表来行使监管OCLC的权利。

把管理成员馆融入OCLC的监管机制，从根本上改变了用户和OCLC的关系。这种机制可以使成员馆有一种归属感，因为这是会员和会员组织的关系，而不再是买和卖的关系。同时，OCLC也注重广泛听取成员馆的意见和建议，对图书馆的市场需求进行深入了解，从而改进和开发更多的信息产品和服务项目，更好地为图书馆服务。这种会员管理制度使得OCLC得以持续发展，不断进步。

在美国，联邦政府、州政府及市政府对于非营利机构在营运上给予优惠政策。美国联邦税务法规定，非营利机构不是不能"赢利"，但是收入的剩余不能分配给机构的领导人、股东或职员。对于非营利机构而言，机构的所有权被分散，同时法律也不允许将剩余收入在私人之中分配，而必须将这些剩余收入投入再生产或捐助公益项目。

正是由于这些规定，OCLC将所得的盈余全部投入对现存的产品与服务的改进、新产品和服务的开发与研究、技术创新与拓展、资助会员项目、设立奖学基金等，帮助OCLC持续不断发展。

OCLC不以营利为自身存在和经营之目的，自始至终以"促进世界信息访问和减少图书馆成本"作为自己的服务宗旨，紧紧围绕图书馆在不同时期的发展需求为其提供各类高水平的服务。OCLC靠着传统的协作精神，与世界各国图书馆共同构建了一个"无墙的图书馆"，一个"全球村图书馆"，一个不受空间和时间限制的图书馆网络。

OCLC重视科学研究和可持续发展，于1978年成立研究部，致力于应对图书馆在瞬息万变的信息技术环境中面临的各种挑战。每年OCLC都会投入1000万美元以上的经费开展研究工作。OCLC研究部有三个角色定位：一是为图书馆档案领域研究驱动进步提供支持；二是为OCLC提供先进的开发和技术支持；三是加强OCLC与成员馆之间的互动参与，并动员社会各界合作解决共同关心的问题。

OCLC重视学术研究和开发工作，目的是改善世界信息资源的获取和共享。OCLC与大学或研究机构合作开展各种研究项目，每年发表10篇左右的研究报告，尤其是会员报告，报告一经问世立刻成为人们关注的焦点。OCLC 的研究报告都可以在OCLC 网站上免费下载全文，有些报告还被翻译成其他语种，如中文、西班牙文、法文、德文等。

OCLC 还单独或联合美国图书馆协会、国际图书馆协会联合会（IFLA）、美国图书馆与信息科学教育协会（ALISE）等机构为图书馆员提供多种多样的职业发展机会与奖学金，或者为发展中国家的图书馆及信息科学的专业人员提供早期职业培训及继续教育，以推动图书馆及信息科学的研究，促进图书馆事业的发展。

（二）OhioLINK 模式

美国俄亥俄州图书馆与信息合作网（Ohio Library and Information Network，以下简称 OhioLINK）是由该州大专院校图书馆和州图书馆组成的资源共享联盟。

1987年，俄亥俄州大学校务委员会（Ohio Board of Regents）针对州内13所州立大学图书馆增加图书馆空间及馆藏的要求，建议尽快建立一个全州性的电子图书目录系统，以便通过信息资源共享来应对经费短缺和信息剧增的挑战，满足师生员工及其他用户对图书和信息的需求，并建议成立一个由图书馆员、教师、行政和计算机系统管理人员代表组成的指导委员会，探讨并起草具体计划。1990年，美国图书馆集成管理系统 Innovative 公司被选定开发系统软件，数字设备公司（Digital Equipment Corporation，DEC）提供计算机硬件。首批参与的18个成员单位于1991年陆续开始安装各自的本地系统。1992年11月，合作网中央书目库（Central Catalog）建成使用；1994年，18个成员单位全部安装完毕本地系统，在线馆际互借系统开始运作；俄亥俄合作网的成员单位从最初的18个增加到上百个。OhioLINK 成员包括各种类型的机构，既有学术研究图书馆，也有州立图书馆，还包括神学院、艺术和音乐学院、法律和医学图书馆等。俄亥俄合作网的服务受到极大欢迎，效益显著。

1. OhioLINK 模式的愿景和使命

OhioLINK 的最初目标包括五项内容：一是使共建共享的图书馆馆藏更易于获取；二是扩大获取电子信息的途径；三是提高信息基础设施的使用程度；四是改善和促进学术交流；五是提高电子信息资源的购买和使用量。

随着信息技术的快速发展和高等教育的演变，互联网和电子图书的发展，以及终身教育和远程教育的普及，OhioLINK 成员意识到，OhioLINK 作为一个联盟要保持经济有效的持续发展，要进一步破除狭隘的本位主义，建立互利互惠的合作，要使OhioLINK 所提供的信息和获取途径达到充分的而非限定的、全面的而非经选择的、立即的而非延迟的、整体的而非部分的目的。

2. OhioLINK 模式的运行模式

OhioLINK 的管理架构是由一个管理委员会主导全局，并委托一个执行主任在两个理事会的协助下主管合作网的具体运作。执行主任配有一套工作班子负责中央系统的日常工作。两个理事会下辖四个常设委员会和一个联席会，各常设委员会又根据需要组建特别工作组、兴趣团体或工作小组，探讨和解决专门问题。

OhioLINK 的经费来源主要是州政府的财政拨款，主要包括两个部分：①资产拨款主要用于支付中心系统的硬件设备和软件、网络维护、参考资料库等。最初还需支付各参与单位的原始主机硬件设备，各成员单位自行负责其校园网络的建设和工作站购置，未来软件的维护、硬件的更新升级，以及非基本模块的特殊要求或其他软件功能的升级等。②运作拨款用于支付OhioLINK 中央系统的人员、办公设备、管理、软件维护、资料库签约等。

OhioLINK 是以州为单位组建的图书馆联盟模式，其优点在于同属州政府行政体系，容易达成共识和取得经费。其系统设计充分利用计算机技术的最新成果，兼顾整体的一致性及个体的灵活性，以便达到虚拟集中和实体分享的目的。OhioLINK 的经验表明，纸质信息资源仍然是人类知识的主要载体和学术研究的主要资料，快速有效的馆际互借仍然是资源共享的重要手段之一，但是数字化资源正在改变这种局面，数字化文献传递后来居上。联盟式采购具有强大的谈判优势和经济效益，尤其是在采购和租用数字资源时。OhioLINK 合作的成功还有赖于参与的图书馆愿意投入人力与时间，具备高度的专业责任感和良好的合作精神。此外，合理的组织管理机构，完善的政策、程序、规章、制度、技术标准等都是该系统得以有效运行的重要保证。

（三）Minitex 模式

美国明尼苏达信息资源共享网（Minitex Library Information Network，以下简称Minitex）是为明尼苏达、南达科他和北达科他三州的200多家不同类型图书馆提供馆际互借的服务机构。与其他类似的机构相比，它的最大特点是没有自己的藏书，也没有自己的中央书目数据库，而是完全利用参与图书馆的信息资源，通过文献传递服务达到提高文献资源的利用率，避免重复购买，节省有限经费的目的，在美国图书馆的馆际互借服务中独树一帜，受到广泛好评。

明尼苏达州的高等教育比较发达，有各类大学和学院114所，明尼苏达大学（以下简称"明大"）是该州唯一的一所研究型大学，建于1851年，在全美公立研究型大学中名列前茅。明大有为社区服务的传统，而且早在20世纪60年代就实行了开放政策，但当时的开放程度十分有限。如何让其他地区的师生甚至公众都可以使用明大的图书馆馆藏，成为一个非常有意义的问题。最早提出建立 Minitex 模式的是明大图书馆馆长斯坦福（Edward B.Stanford）。他认为明州的每个公民都应有机会和权利使用明大丰富的藏书，并提议明大图书馆应当利用自己的特长为全州的居民，特别是为偏远地区的居民提供服务。根据斯坦福的建议，明大图书馆共挑选了不同地区、不同类型、不同服务对象的11家图书馆组成一个试验性网络，其中包括4所州立学院、2所私立学院、1所初级学院、2所公共图书馆，以及明大在外地的2所分校图书馆，允许用户通过这些图书馆向明大图书馆提出借阅请求。经过三个月的研究，明大决定于1969年1月2日正式开始这项富有创意的试验，该试验被命名为"明州馆际互借电传请求试验项目"（Minnesota Interlibrary Teletype Experiment，缩写为Minitex）。试验结果表明 Minitex 在技术和管理上是可行的，Minitex 受到极大欢迎，于1971年正式建立。

1. Minitex模式的愿景和使命

在建立之初，Minitex 的使命是：①使全州居民能最大限度地平等利用州内所有的图书馆文献资源；②通过用户对图书文献的利用使得各参与图书馆最有效地使用有限的购书经费；③帮助明州各类图书馆提供它们不能提供的服务。2010年，Minitex 再次提出了新的愿景和使命让图书馆在知识社区繁荣兴旺；用信息、观念和经验将图书馆与每个个人紧密联系，以丰富个人生活，加强社区建设，并提出了专注、合作、创新三个指导原则。Minitex 不断地调整服务范围和项目，2015年，Minitex 提供的服务包括明尼苏达数字图书馆、资源共享与文献传递、咨询服务、继续教育、编目及元数据编目服务、明尼苏达图书储藏中心、集团采购。

2. Minitex模式的运行模式

Minitex的管理架构包括明州高等教育委员会、明尼苏达大学图书馆和Minitex顾问委员会。明州高等教育委员会负责制订重大方针政策、拨款、审批特殊项目，向州议会和州长汇报Minitex的年度状况和来年的任务。Minitex主任直接对明州高等教育委员会负责。受明州高等教育委员会的委托，明大图书馆负责Minitex的行政管理，Minitex主任在行政上接受明大图书馆馆长的领导。Minitex的所有工作人员属于明大图书馆的人员编制。

在运作模式上，Minitex 的指导原则是：①深信有效的内部沟通和交流非常重要；②相信Minitex的服务会因为工作人员丰富的知识而得以加强；③致力于客户服务，致力于发展成员馆之间的密切合作，努力实现高效率和最大效益；④致力于带领成员馆在复杂和不断变化的图书馆界与时俱进，通过合作来发展和分享专业特长及创新举措；⑤与明尼苏达大学的合作使 Minitex 实力更强，Minitex 将努力以最有效的方式充分利用明大丰富的馆藏资源。Minitex 的经费来源包括政府拨款和服务性收入。

（四）NACSIS模式

NACSIS（National Center for Science Information System）即日本学术情报中心，1986年由东京大学文献情报中心改组扩充而成，隶属于文部省，是日本全国性综合信息共享系统，也是日本文献资源保障体系的中枢。由全国国立、公立、私立大学等共同参加，以人文、社科、自然科学等领域的学术信息为对象，将各大学图书馆、信息中心等连接起来，为研究者提供所需要的学术信息。经过数十年的发展，NACSIS已经覆盖了日本所有的大学，资源共享涵盖学术信息网络、联机编目与联合书目数据库、馆际互借、信息检索、电子图书馆、国际交流与教育培训等领域。但NACSIS是由日本政府将各个图书馆的各种二次目录信息集中而建立起来的"书目共同体"，无独立的藏书体系。

1. NACSIS模式的愿景和使命

NACSIS 建立的目的是连接全国大学的图书馆和其他信息机构，共享收藏的信息资源，并为这些机构的研究者之间交换学术信息提供网络服务。

2. NACSIS模式的运行模式

NACSIS 是一个独立的机构，隶属于文部省，有固定的专业技术、管理和科研人员，有充足的经费来源，因是国立单位，在职人员都是国家公务员。具体组织机构的设置和人员安排如下：所长、副所长各一人，设网络、数据库、综合目录、经费、纪要编辑五个委员会，管理、事业、教育培训、研究开发四个部。

管理部，下设总务科、会计和共享科；事业部，下设系统管理科（系统管理、系统业务）、网络科（网络管理、网络运行、国际事业）、数据库科（数据库管理、文献数据库、电子图书馆、数字图像数据库、研究者信息、调查）和目录信息科（图书目录信息、期刊目录信息、相互合作）；教育培训部，下设培训科（规划、指导业务）和学术信息系统教育室；研究开发部，下设四个研究室：①学术信息研究室，有信息图书馆学、信息管理学、数据库、信息利用学、记号科学五个研究组；②系统研究室，有系统工程学、软件工程学、网络工程学、国际信息流通系统、综合多媒体处理系统、超高速通信方式和超高速图像信息处理七个研究组；③开发研究室，有综合、高品质网络开发和全文目录三个研究组；④研究动向调查室，有人文社会、理工、生物三个研究组。

二、文献资源共建共享的国内主要模式

（一）CALIS模式

中国高等教育文献保障系统（China Academic Library &Information System，简称CALIS）是教育部"211工程""九五""十五"及常规运维经费支持"三期"建设的面向所有高校图书馆的公共服务基础设施，通过构建基于互联网的"共建共享"云服务平台——中国高等教育数字图书馆，制订图书馆协同工作的相关技术标准和协作工作流程、培训图书馆专业馆员、为各成员馆提供各类应用系统等，支撑高校成员馆间的"文献、数据、设备、软件、知识、人员"等多层次共享，已成为高校图书馆基础业务不可或缺的公共服务基础平台，并担负着促进高校图书馆整体发展的重任。CALIS 于1998年11月正式启动建设，目前注册成员馆逾1800家，覆盖除台湾省外中国31个省（自治区、直辖市）和港澳地区，成为全球最大的高校图书馆联盟。

1. CALIS模式的总体目标

CALIS 项目的总体目标是以国内外各类信息服务机构、教学科研机构以及各类信息网站丰富的信息资源和应用服务为基础，以先进的技术为手段，构建整合全球资源及其服务的中国高等教育数字图书馆，持续服务于我国的高等教

育乃至全民教育，促进全球学术交流。

2. CALIS模式的发展愿景

（1）引领新时代图书馆建设，推动高校图书馆整体发展。

（2）持续建设、完善支撑高校图书馆发展的公共服务体系。

（3）建设支撑新时代图书馆建设的新业态、新模式，帮助图书馆掌握未来发展的自主权、主动权、发言权。

经过数十年的建设，CALIS引领和带动我国高校图书馆由原来的单馆保障转变为联合保障、资源共享，形成了"集中资源、分工合作、均衡负载、用藏结合"的高效的CALIS服务体系，建立了共建共享的机制，锻炼和培养了一大批数字图书馆建设和服务人才。

3. CALIS模式的运行模式

CALIS由设在北京大学的CALIS管理中心负责运行管理。CALIS的骨干服务体系由四大全国中心（文理中心——北京大学，工程中心——清华大学，农学中心——中国农业大学，医学中心——北京大学医学部）、七大地区中心（东北——吉林大学，华东北——南京大学，华东南——上海交通大学华中——武汉大学，华南——中山大学，西南——四川大学，西北——西安交通大学）、除港澳台之外的31个省级（省、自治区、直辖市）中心和500多个服务馆组成。这些骨干馆的各类文献资源、人力资源和服务能力被整合起来支撑着面向全国所有高校的共享服务。

CALIS管理中心负责整个服务体系的管理，全面整合国内学术资源及其相关服务，有选择地整合国际上重要的学术资源及其相关服务，承担中国高等教育数字图书馆的各类数据库及应用系统的运行，组织各类馆员业务培训，为CALIS服务体系提供技术支持。CALIS管理中心下设六个业务部门和一个中心办公室，包括项目管理部、联机合作编目中心、技术中心、信息服务部、资源数据库、系统部和中心办公室。CALIS全国中心负责相关大学科的文献最终保障服务和联合参考咨询服务，整合高校系统外机构相关学科的资源与服务，承担馆员培训的实习任务，运行大学科领域服务平台。CALIS地区中心负责本地区的文献保障服务和联合参考咨询服务，整合本地区高校系统外机构的资源与服务，承担馆员培训的实习任务，运行地区级服务平台。CALIS省级中心负责本省文献信息保障系统的建设，承担省级信息服务平台、基础共享平台、数据交换平台的运行，组织本省业务与服务培训，承担馆员培训的实习任务。CALIS 共享域中心负责对域内的共享资源和服务进行管理与运行维护，部署有共享软件平台的共享域中心，还承担域内共享软件平台的运行。各级中心之外的其他服务馆是CALIS 某一类具体服务（如馆际互借与文献传递、参考咨询）的提供馆，负责按照统一的服务管理规范对外提供服务，积极配合CALIS 管理中心、全国中心、地区中心、省级中心及共享域中心的工作。

（二）CADAL模式

大学数字图书馆国际合作计划（China Academic Digital Associative Library，以下简称CADAL）的前身为高等学校中英文图书数字化国际合作计划（China-America Digital Academic Library，CADAL）。国家计委、教育部、财政部在2002年9月下发的《关于"十五"期间加强"211工程"项目建设的若干意见》的文件中，将"中英文图书数字化国际合作计划"列入"十五"期间"211工程"公共服务体系建设的重要组成部分。CADAL 与中国高等教育文献保障系统（CALIS）共同构成中国高等教育数字化图书馆的框架。

1. CADAL模式的愿景和使命

CADAL 项目建设的总体目标是构建拥有多学科、多类型、多语种海量数字资源的，由国内外图书馆、学术组织、学科专业人员广泛参与建设与服务，具有高技术水平的学术数字图书馆，成为国家创新体系信息基础设施之一。

2. CADAL模式的运行模式

CADAL 项目由国家投资建设，作为教育部"211"重点工程，由浙江大学联合国内外高等院校、科研机构共同承担。

CADAL 项目实行项目管理委员会领导下的法人负责制，在浙江大学建立项目管理中心作为本项目实施的执行机构。项目管理中心负责项目建设的管理，协调项目建设中的有关事宜，监督检查项目执行的情况。项目管理中心下设秘书处、技术部、服务部、资源与数据部、培训与质量控制部、对外合作与交流部、应用与研发部等办事机构。

（三）CASHL 模式

CASHL 是中国高校人文社会科学文献中心（China Academic Social Sciences Humanities and Library）的英文简称，该项目是教育部根据高校人文社会科学的发展和文献资源建设的需要引进专项经费建立的，于2004年3月启动。

1. CASHL 模式的愿景和使命

CASHL 的宗旨是组织若干所具有学科优势、文献资源优势和服务条件优势的高等学校图书馆，有计划、有系统地引进国外人文社会科学图书、期刊和数字资源，借助现代化的服务手段，为全国高校的人文社会科学教学和科研提供高水平的文献保障，是全国性的唯一的人文社会科学外文期刊保障体系。

2. CASHL 模式的运行模式

CASHL 形成了由CASHL 项目指导委员会、CASHL 管理中心、CASHL 中心馆馆长联席会、CASHL 专家咨询组及CASHL 各业务工作组组成的管理体系，由2个全国中心、7个区域中心、8个学科中心、34个服务馆、855个成员馆组成的服务体系，为系统收藏资源、有效提供服务提供保障。各管理机构的具体职责分别为：CASHL 项目指导委员会审核CASHL 资源和服务发展规划和实施方案，制订CASHL 项目管理办法及经费使用办法，批准年度经费预算，签订业务委托协议，指导CASHL 开展各项工作，决定重大活动和重要人事任命；CASHL 管理中心负责成立专家咨询组，召开中心馆馆长联席会议和工作会议，承接教育部社科司的任务，管理与协调CASHL 各中心，推动项目的整体发展；CASHL 中心馆馆长联席会参与CASHL 的管理和协调工作；CASHL 专家咨询组的主要职责是加强对CASHL 整体规划的协调和指导，使CASHL 的发展规划、工作评估、资源发展、服务发展等更加科学合理。

第四节　图书馆文献合作采集与资源共享合作

一、图书馆文献合作采集

实现文献资源共享已成为当今世界衡量图书馆事业发展水平的标志之一，因而，文献资源共享研究已成为图书馆界的一大热点。然而，要真正实现文献资源共享，参加共享的各成员馆必须具有可供共享的文献资源，即各馆拥有各具特色的丰富馆藏。实现这一目标的唯一有效途径就是合作采集，使图书馆有限的文献购置费，购置更多品种的文献，以更好地发挥图书馆的情报职能与教育职能。

文献合作采集，也叫协调采购，是指两个或两个以上图书馆，在自愿或约定的基础上，通过分工、协调，各自尽可能将本单位分工负责的有关专业范围内的文献收集得较为齐全、系统；在合作范围内，使各个有关学科的各种类型文献在整体上更加充实、完善，并形成一定特色；避免一般化和不必要的重复、浪费或缺藏，为参与文献合作采集馆的文献资源共享打下坚实的基础，提供最基本的条件。合作采集必须做到两点，才能健康发展：①参加文献合作采集的图书馆必须形成一个整体，把各馆视为一个部分；②必须在合作采集基础上，实现资源共享。

（一）文献合作采集的意义

1. 有助于文献采集分工

通过文献采集分工，各馆分别收藏有关文献，可以保证一个地区或一个系统，对某些学科、某些类型、某些文种的文献资料较完整地收集、积累。这样，不仅保证文献的系统性、完整性，而且有利于在宏观上控制文献的复本率，在微观上扩大文献订购的品种。

2. 有助于合理使用经费

由于文献采购分工，文献经费可以得到较合理的使用，使有限的文献购置费，集中购买一些重要的书刊，通过互借满足读者需求，从而缓解各馆经费严重不足的困难，达到提高藏书质量、提高经济效益的目的。同时，由于分工明确、收藏合理，各馆可以避免误购、重购现象，而在分工收藏的基础上，各馆将能形成和加强自己的藏书特色。

3. 有助于满足读者需求

读者对文献的需求将能得到较好地满足。能给读者提供最好最便利的寻书导向，使他们在合作体的某一个成员馆的馆藏中，就可获得最集中、最丰富的某一学科文献资料，从而最大限度地提高文献资料的利用率，节省读者的时间。

4. 有助于采集网络建设

文献合作采集网络的建立与发展，将促进重点学科资料中心的建设。这是因为，文献合作采集网络的各中心馆，一般都设在某一学科在国内外或地区处于领先地位、师资力量较强、教学与科研水平较高、已拥有较丰富的藏书底子的图书馆内。这样，不仅可以促进这些中心馆的重点学科的藏书建设，还有利于逐渐形成一批文献资料中心，从而有利于从实践上而不仅仅在理论上建立地区性或全国性文献保障中心。1998年11月初，北京大学、清华大学和北京图书馆签订的共建共享协议，既为全国的合作采集树立了一个榜样，也在建立全国性文献保障中心的道路上迈出了实质性的一步。

5. 联机服务

文献合作采集有利于计算机管理与联机服务，极大地提高文献资料工作的效率，使图书馆工作跨上一个新台阶。

（二）文献合作采集的保障措施

1. 更新观念、统一领导

任何一个图书馆都要在文献采集的观念上有所更新，即不把"馆内没有藏"视为服务的终点，而应进一步做好文献的采集工作，把文献采集的"大而杂"，变为某些学科、某些部分"小而全"把分工采集变为整体不可缺少的部分；把各馆一般化的收藏，变为各有特色的收藏；把部分视为系统不可分割的一部分，坚持整体大于部分之和。这样就不会把合作采集拒之门外。而要使文献合作采集坚持下去、并不断完善与发展，有权威的、强有力的领导也是重要的。实践经验表明，完全是民间性质、完全采取来去自由的自愿原则，是不可能搞好文献合作采集的。

2. 实现业务工作标准化、信息传递现代化

业务工作的标准化是开展馆际协作协调的基础。长期以来，《中国图书馆分类法》《科图法》和其他分类著录标准并行，给联合目录和机读目录的编制及网络化进程和资源共享造成了极大困难。因此，有必要统一采用《中国图书馆分类法》。这样，有助于提高检索系统的通用性和检全率、提高文献协调采购的准确度，促进资源共享。

协调采购的过程是一个汇集信息—再反馈的过程，必须及时收集订购信息，经协调后再反馈。文献采集对时效性要求较高。为了加强订购信息及文献信息的传递，采用电话、因特网等方式是十分必要的。尤其是计算机联机检索网络的建立，极大地方便了采集人员和读者了解外单位的馆藏，从而，既为文献合作采集提供了准确信息，又可充分发挥合作采集的效益、实现资源共享。

3. 树立全局观念

文献合作采集也就是说既要尽义务，又可得些好处。多个图书馆合作，既要考虑各个成员馆的原有基础，又要做到"互利互惠"。否则，一味冀求他馆

之助或只能尽义务而得不到他馆的好处，都可能使合作采集难以为继，更谈不上推广深化了。然而这种"互利互惠"，又不是绝对的平均，特别是各馆的基础与条件不完全相等，购书经费有多有少，文献交换面有宽有窄。因此文献合作采集只能要求义务与权利大体上均衡。要强调从全局出发，不能过于计较单位利益的得失。更不能只顾本馆，不顾他人。对那些积极参加、积极利用合作采集网络的单位与个人，都应予以表扬或奖励。也就是说，只要富不嫌贫、贫不甘于贫，则无论是何种形式的合作采集，都有了发展壮大的可靠基础。

二、文献资源共享合作的对策

文献合作采集的目的，不仅是使有限的购书经费发挥更好的作用，建立馆藏特色，而且是为了更好地满足更大范围读者的需要。因此，文献资源共享，是文献合作采集的主要目的或最终目的，是文献采集的组成部分，是文献采集资源建设必须研究的内容。

（一）政策及资金保障

图书馆文献资源的共建共享离不开政策支持和资金保障。开展数字资源建设和服务平台建设需要购置商业数据库，自加工特色数据及建立网络服务环境，包括服务器、带宽扩建等，系统的日常运作也需要投入大量的人力和物力。不同层次、不同领域、不同地域的图书馆资源共建共享涉及机构、人员的职能变动，知识产权和文献资产需要有明确的授权和管理认可。相关政府部门应该加强顶层设计，出台相关政策文件，加强政策支持和引导，针对新技术时代的新特点修订图书馆版权例外制度，完善共建共享相关法治机制。管理机构要根据提供的资源内容及服务效果进行绩效评估，对各成员馆做出差额补偿，给予经费支持。图书馆联盟要建立合理的利益调节机制和激励奖励机制，在核心馆承担主要建设任务的基础上，让每个成员馆都分担资源建设和系统运行的成本。这是图书馆开展资源共建共享的前提条件。

（二）资源和技术的可执行性

海量资源环境需要多馆通力合作，共建充足的资源。如何共建如何分工？建立什么样的规则可以减少不必要的资源重复、应用什么样的数据规范能够避免多次加工、采取什么样的技术和搭建什么样的平台可以提高资源共建效率和共享能力等问题的关键是这些措施和技术的可执行性。如针对不同区域、不同系统的地域特征、产业和资源优势，建立集通用馆藏和特色馆藏于一体的科学合理的文献资源布局体系，以实现文献资源的统筹配置，开展差异化的建设和服务，凸显联盟资源优势和各分馆的独特性，避免文献资源的同质化和重复建设；制订数据规范，在满足共建共享的基础上尽可能简化，以保证联合目录的有效建立。如果一味地追求规范的严谨性，则很难适应多年来在多个标准体系下建立起来的资源共享。

（三）树立共享理念

共建共享必须在共享理念为人们和机构所理解和接受的前提下才能真正在实现资源共建共享的道路上顺利前进。管理部门要重视文献资源共享的重要性，对资源共享进行保驾护航。各图书馆成员要提高认识，树立共建共享大资源、大平台、大服务观念，充分认识开放共享的重要意义，愿意共享自己的特色资源并积极参与。图书馆成员要加强馆际间的协作，相互信任，互相提供更好、更完善的服务，提升合作共建的向心力和认同感，从而实现机构和成员的长期坚持，实现资源的系统积累。

（四）建立良好的组织

图书馆资源的共建共享需要良好的组织，其成功运作需要设立与实施所有成员共同遵守的各种规章制度，需要一个良好的运行机制和有效的沟通机制。目前制约图书馆共建共享高效运作的一个重要因素就是运行机制问题。如何以资源高效共建共享为目标，弱化行政及地域分割，强化联盟理事会权利，是图书馆能否成功实现资源共建共享的关键所在。不同建设目标的图书馆联盟需要根据不同的成员情况、地理位置和联盟目标来确定合适的运行和管理机制。

大数据时代下图书馆资源的海量多样化、服务去中心化、技术智能化、传播泛在化等使得共建共享成为必然趋势。图书馆应把握这一历史机遇，积极倡导图书馆联盟建设，推进资源共建共享，发挥协作共享的优势，采取多种措施和技术手段加快联盟资源体系建设，建立高性能服务平台，加强学科服务合作，提高资源保障能力，拓宽图书馆联盟的服务范围，推动图书馆事业的持续发展。

第六章　图书馆服务理论及转型思考

第一节　图书馆服务的内涵与特点

一、图书馆服务的内涵阐释

"随着社会经济的发展，人类分工的不断细化，一方为满足另一方需求的社会活动——服务就必然产生，所以说服务是人类社会发展到一定阶段的必然产物。"

《中国大百科书·图书馆学情报学档案学》中将图书馆服务定义为："图书馆利用馆藏和设施直接向读者提供文献和情报的一系列活动，有时也称图书馆读者工作"。其外延是："现代图书馆不仅通过阅览和外借的方法为读者提供印刷型书刊资料，而且还提供缩微复制、参考咨询、编译报道、情报检索、情报服务、定题情报检索以及宣传文献情报知识的专题讲座、展览等服务"。

不同学者对图书馆服务的界定不尽相同，代表性的有以下几种：

定义一：图书馆有丰富的图书文献，根据读者不同需求，通过利用图书馆资源的方式，满足读者的文献和信息需求。同时，图书馆把读者服务、读者工作和图书馆服务综合起来，让图书馆可以有效运行。

定义二：图书馆围绕读者的信息需求来开展工作，服务可分为两大类，第一是信息资源提供服务，第二是信息咨询服务，图书馆服务的意义不仅仅是满足读者的信息，需要开展的工作还应包括图书馆在服务过程中的服务理念、提供的服务质量、服务开展的工作环境，以及图书馆工作人员的专业能力和态度。

定义三：图书馆的服务以馆内的基础设施、相关设备和馆内资源为基础，凭借真诚的服务满足读者需求。因此，图书馆是一个服务活动的过程，在图书馆，能满足读者的精神需要。

定义四：图书馆服务主要针对读者进行，展现出了图书馆的实际价值，在一系列图书馆活动中，图书馆满足了读者和社会的需求。图书馆服务中含有三个要素的内容，一是读者和社会是图书馆服务的对象；二是图书馆资源是图书馆的内容；三是体现图书馆需要实现的目标。

定义五：图书馆利用图书馆资源满足读者的信息需求，在这个过程中体现各个行为过程。

定义六：图书馆文献的使用和服务、用户开发、用户研究、用户教育等统称为图书馆服务，图书馆服务与用户服务、读者服务意义相同。

定义七：图书馆为社会和读者提供足够的文献资源，形成图书馆独特的活动内容，即读者服务。

通过分析不同学者对图书馆服务的定义可以发现，图书馆服务存在几个共同的结构要素。首先，图书馆的服务对象，即图书馆的用户，也是图书馆服务的使用者，以不同的社会群体和读者为主体，其中，某个人或某个单位不一定是图书馆文献资源的使用者。二是图书馆资源，这是图书馆服务资源。有了图书馆资源，图书馆才能开展后续的服务工作。图书馆资源是图书馆形成的基本条件，包括信息、人力、设施等社会和个人可利用的一切资源。三是服务需求，这主要是文献信息，也包括其他类型的服务请求。四是实现服务的各种服务方式，只有有效的服务方式才能满足社会和用户的需求。因此，图书馆服务是图书馆利用自身资源，采用多种方式，满足社会和用户在文学、信息等各个需求的一系列服务活动。这些定义有前瞻性，既符合当前图书馆服务工作的现实情况，也符合图书馆未来发展的趋势，是图书馆发展的指向标。

二、图书馆服务的新特点呈现

随着社会与科技水平的发展及计算机和网络快速普及，图书馆的服务呈现出新的特点，其主要有以下几点：

（一）文献类型多样化

就现阶段而言，读者在图书馆享受的文献资源服务主要呈现出印刷型文献与信息化文献（如联机数据库、电子出版物、网络化信息资源等）并举的趋势，而这种趋势的形成与数字资源的暴风式增长有着分不开的联系。同时，在这种不断发展的多样化信息载体作用下，纸质文献的主体地位被撼动，读者的文献利用习惯与观念也随之发生了潜移默化的转变，印刷型文献已经不再能够满足读者的信息载体需求。而在获取多元化信息方面，单一的纸质文献及传递方式同样无法与之匹配，因此，数字化、多样化的信息资源正在逐步成为读者信息需求的获取方向。与此同时，基于现代视频技术手段的数字视频信息资源一定程度上为人们对多样化多媒体信息资源的获取效率和获取质量提供便利。因此，在保证图书馆文献保存、信息交流与教育职能发挥的前提下，文献的多样化发展趋势进一步拓展了图书馆的服务空间，同时也大大提升了图书馆的信息服务保障能力。

（二）交流互动化

在网络和通信技术的共同作用下，图书馆与读者之间快捷、有效的交流网络得以健全。首先，读者的信息需求动态可以在图书馆得到更及时、更加准确的呈现；其次，读者向图书馆表达自身信息诉求的自由度会更高。在接收到读者的信息需求时，图书馆可以经过自身搜索、过滤、加工和整理功能将检索到的信息进行集合处理，再通过多途径、多类型传输到用户终端，来满足用户需求。对于读者而言，他们可以突破空间和时间局限，在获取信息方面更直接、快速，省去了中间因各种因素造成的盲目环节；与此同时，用户也可以实现和其他用户之间共享信息资源，只需要将资源上传至信息共享空间即可实现，通过这样的方式，图书馆和用户之间的互动交流更加智能和通畅。

（三）服务多元化

"服务多元化"是在计算机技术、远程通信技术、网络信息处理技术等现代化技术手段的共同作用下，建立起了一个旨在从根源上对图书馆的信息资源开发、组织和控制调度情况进行改变的网络服务平台，从而为读者搭建了便利的网络信息获取平台。也就是说，网络技术串联起了各类信息获取方式，读者可以根据自身的实际需求享受信息化带来的便捷的信息交流、查询、获取、阅读和发布等一站式服务。从空间层面来讲，线下实体图书馆为读者提供的各类图书资源服务比以往更加优质，网络在线图书馆功能更使读者可以足不出户，通过网络渠道获取图书馆提供的所需信息。简单来讲，现代化的信息技术在实现服务多元化的同时，突破了空间对图书馆的局限；从时间层面来讲，传统图书馆规定读者必须在指定时间内到馆享受图书馆的读者服务，而在信息化网络手段的作用下，读者可以在任意时间在线访问一家或同时访问多家图书馆，并在线对其馆藏资源进行检索、筛选、阅读等。总体而言，现阶段的图书馆服务越来越多元、立体、全天候。

(四) 服务虚拟化

随着现代信息网络技术的广泛应用,建立在虚拟馆藏资源和虚拟信息系统机制上的新型信息服务模式逐渐形成。这种虚拟化的服务彻底改变了以文献资源为主线的传统图书馆服务模式。图书馆的服务始终处于一个动态和虚拟的信息环境中。通过网络传输,图书馆既可以利用自有或自建的数字化馆藏资源,又可以利用电子邮件资源、网络新闻资源、FTP资源、WWW资源、Gopher资源等多种互联网资源,这种无形的、即时的虚拟化信息服务突破了时空限制,使得图书馆为读者提供无所不在的信息服务成为可能。因此,服务虚拟化包括服务资源的虚拟化(即信息资源的数字化、虚拟化)和服务方式的虚拟化(即由面对面的阵地服务转变为面向虚拟读者、虚拟环境的服务)。其实质是图书馆由向具体人群提供实体文献服务,转变为向非具体化读者提供虚拟的数字服务。

第二节 图书馆服务的原则与标准

一、图书馆服务的原则

图书馆而言设立的初心和目的都是为了尽可能满足读者获得信息的需求,因此,在图书馆服务读者的过程中,始终贯彻落实以人为本、服务第一的基本理念,以特定的原则和内涵自我要求和自我约束,并将以下基本原则作为基本的服务宗旨:

(一) 遵循以人为本的原则

"以人为本"就是图书馆一切服务的出发点和落脚点都应当是读者和读者需求,既要考量读者的心理特征和年龄特点来优化资源配置,又要提高资源的多样化和层次性;既要为读者提供服务时秉持积极、认真、负责的态度和精神,又要统筹一切可能的途径和力量,为便利读者使用和调度图书馆信息资源创造条件。它集中体现了"一切为了读者"的服务理念和长远的战略发展眼光,也就是说,读者服务是贯穿图书馆服务内容全过程的重要因素,更是图书馆人员和工作的起点和落脚点。

（二）遵循平等原则

平等原则是图书馆信息服务最基本的原则，是现代图书馆服务的基本方向，它主要体现在两个方面：

1. 平等享有权利

平等意味着对人的基本权利的尊重，这种尊重不因富贵贫贱、身份高低等因素而转移。平等享有权利的保障是图书馆"以人为本"原则的基本体现和核心内容，表现为对用户的普遍关爱和普遍尊重，以及对用户基本合法权利的普遍保障。具体来讲，图书馆用户的合法权利主要体现在：用户资格获得方面的平等权利、信息资源阅读方面的平等权利、个人隐私安全和人格不受践踏和侮辱的平等权利、问题咨询的平等权利、参与图书馆管理与监督和决策的平等权利、享有遵守图书馆规章制度的权利和履行应尽义务的平等权利、对图书馆建设和服务提出合理化整改建议的平等权利、享有辅助性服务的平等权利、对图书馆管理和服务工作进行客观评价的平等权利、依法追究侵权行为并要求相应合理的赔偿的平等权利。图书馆的基本职能是引导公众实现"认识权利"，图书馆人的基本职业信念就在于在传播文献资源的过程中，以这种基本职能为导向，切实保护好读者权利不受侵犯。

2. 平等享有机会

所谓平等享有机会，本质就是保障用户在图书馆的基本权利，并做到对用户态度上的基本尊重，保障用户可以在图书馆可以平等地利用图书馆资源。这种平等并不是停留在表面的平等，而是要落实到具体的人群，如阅读能力较低的群体、残疾人、犯人等弱势群体，要切实保障他们的平等权利，强化对这些群体的现代化信息技术培训，正视他们在能力方面的差异化，并进行针对性能力提升服务，可以说，只有保障社会弱势群体的权利，即使其平等利用和共享图书馆信息资源，才能确保图书馆服务实质上的平等。

平等是人文关怀的最基本内容，若想真正做到平等，就必须做好以下工作内容：①最大程度缩小图书馆信息资源与用户之间的距离，使用户利用和共享信息资源更加便利；②最大程度地创造平等利用和占有信息资源的机会，营造相对宽松和自由利用环境，为用户平等利用图书馆信息资源扫除障碍；③严格落实守密原则，不监控、不窥探、不泄露用户在图书馆的自主查询记录和对各种信息资源的利用用途，在充分保障用户个人隐私安全的前提下，最大程度地满足用户的个性化需求。

（三）遵循开放原则

作为图书馆服务的基本原则，开放与服务是唇齿相依的关系，没有开放，服务便无从谈起。坚持对外开放是现代图书馆建设的重要内容，也是时代发展对现代图书馆的必要要求。全方位的开放主要体现在资源、时间、人员、管理等各个方面的开放。

第一，资源开放。图书馆的资源主要包括馆藏资源、设施资源、人力资源三大种类，资源开放主要包括两方面内容：①最大程度地揭示馆藏资源，通过开架借阅、强化图书宣传、建设完善的检索体系等方式，保障读者开放共享、平等利用所有馆藏资源的权利；②秉持资源共享的基本理念，强化馆际合作，满足读者的多种资源需求。

第二，时间开放。即改变传统读者在利用图书馆获取信息方面的时间局限，提升图书馆开放时间的延展性、连续性和完整性水平。比如，实体图书馆尽量在节假日调休，保障用户的节假日图书馆资源利用权利，虚拟图书馆尽量做到365天24小时制全天候开放服务。

第三，人员开放。作为具有综合功能的社会文化教育中心和休闲、娱乐的自由场所，图书馆应为所有人开放服务，因此，所谓的"人员开放"就是图书馆要接纳一切有图书馆资源需求的用户，保障和尊重他们的基本权利，不因国籍、性别、身份、地位、种族等不同而区别对待。

第四，管理开放。开放的管理体系最基本的特征就在于为用户开放参与图书馆管理和决策的权限，比如设立"用户监督委员会""馆长信箱""读者意见箱"等，鼓励读者表达自主观念，广泛接纳读者对图书馆管理方面的建议和意见，并在用户公开、透明监督下积极进行图书馆服务的革新升级和结果反馈，同时，在特定情况下，允许用户参与管理决策。对于图书馆而言，用户评价可以为其查漏补缺提供科学、客观的数据来源，因此是图书馆升级服务质量、推进建设进程的重要保障。

（四）遵循满意服务原则

平等享有作为图书馆服务众多原则中的核心理念，满意服务是衡量图书馆服务质量的重要标准，集中体现了用户对图书馆服务的满意度和图书馆服务的未来整改方向。从本质上来讲，"满意服务"其实就是用户在实际感受过图书馆的文献资源、工作人员、基础设施和服务方式后所获得的真实体验与心理预期之间的差距。

以现代企业管理的CS（Customer Satisfaction）理论来理解图书馆服务的满意原则，主要包括三方面内容——服务理念满意度、服务行为满意度、服务视觉满意度。以下将分别阐述：

服务理念满意度，即用户从心理层面来讲对图书馆开馆宗旨和管理策略的满意程度。

服务行为满意度，是图书馆思想层面的服务理念通过外部表现出来的行为状态带给用户的心理满意程度，比如，图书馆的业务建设、规章制度、服务内容设计、服务态度和效果等。

服务视觉满意度，"服务视觉"是图书馆一切可视化的外在形象，如图书馆的基础设施、环境氛围、阅读气氛、工作人员的职业形象等，而服务视觉满意度指的也就是这些显性因素给用户带来的心理感受和满意程度，是图书馆理念的视觉化呈现形式。

在图书馆管理中贯彻落实满意服务的基本理念，首要的一点就在于坚持"一切为了读者"原则，只有明确认识到这一点，才能在满足用户需求方面拓展多样化渠道，并创新多方位措施，不断完善评价指标，提高反映用户满意度的层次性和精准度，才能为图书馆的服务升级提供更为科学和客观的数据支撑。

（五）遵循资源共享原则

对于图书信息资源而言，在社会进步和科技发展的带动下，文献出版数量逐渐增加、信息种类更加多元化，全面搜集和存储各种信息资源则显得没有必要，更加浪费经费。资源共享理念的提出和在图书馆管理中的应用，是与用户不断增长和扩大的信息需求相适应的必然选择，这样一来，多个图书馆之间的信息资源实现了共享，一定程度上减轻了单个图书馆在信息资源搜集和存储等方面的压力，确保图书馆充分发挥信息资源的原有功能，可以最大程度地满足用户日渐多样化的知识诉求和信息需求。图书馆资源共享职能在弘扬和继承人类知识，并带动人类社会的进步与发展方面，发挥了不可磨灭的重要作用。因此，要不断强化和引导、促成不同级别和层次图书馆的馆际合作，只有这样，才能确保真正实现信息资源共享，才能实现图书馆建设得更好、更快发展，才能为社会主义的建设和发展，以及人类宝贵知识体系的建设提供动力保障。

（六）遵循创新服务原则

首先，要树立创新意识，确立主动化、优质化、品牌化、专业化的服务理念。具体体现在：服务中要主动想方设法贴近用户，处处为用户着想，为他们提供尽可能的方便；讲究"精、快、广、准"的服务质量，满足用户求新、求快、求便捷的心理；通过特色馆藏、特色服务、特色活动、特色环境等突出本馆服务特色，建立图书馆特有的品牌服务；建立一系列严格的业务规范与规则，凸显图书馆服务的专业化。

其次，要创新服务内容。如在信息服务方面，要努力从文献提供服务向知识提供服务转变；加大参考咨询特别是网上虚拟参考服务的力度；增加网上信息导航；开展个性化信息服务；充分利用各种资源，开展形式多样的读者活动等。

最后，要创新服务方法。如改变以往单一的馆藏文献借阅服务模式，利用现代网络平台，提供多种数据库服务、知识库服务以及各种在线或离线信息服务和主动推送服务、虚拟参考咨询服务、网络呼叫、智能代理服务等。

二、图书馆服务标准的制订

服务标准是服务质量标准的简称，指社会上某一服务行业或机构用以指导和管理其成员开展服务行为的质量规范。图书馆服务标准是指图书馆行业用以指导和管理本行业为所有社会成员开展信息服务行为的原则和质量规范。图书馆服务标准主要是将有价值的信息进行相应转换，通常情况下是通过在进行读者服务以及宣传推广活动时了解、收集客户群体的信息，进而满足其需求。它可以有效提升图书馆的整体秩序以及服务效率。通常情况下图书馆中的服务人员是需要按照对应的服务标准为读者提供服务的，针对性的服务可以提升资源的利用率，节约时间，让读者在整体服务中更加满意。综上所述，图书馆服务也是评判图书馆整体水平的一个标准，通过这一标准要求可以大幅提升图书馆的整体服务质量。

图书馆的服务标准如何影响着后期图书馆的发展，因此图书馆需要根据实际情况制订相应的服务标准，来维持图书馆的秩序正常运行，促使图书馆不断前进。图书馆服务标准制订具有非常深远的影响：

第一，通过深入研究图书馆服务可以很好地调动图书馆管理人员的积极性，主动寻找问题，增强服务标准。

第二，制订并创新图书馆服务标准在一定程度上可以促使图书馆整体制度更加合理化，科学合理的服务可以有效增进阅读者的阅读情感，因此整合图书馆的问题以及需求，建立前瞻性的服务体系具有重要意义，促进后期图书馆的创新建设与服务形式多样化，更符合客户需求。

第三，图书馆在建立相应服务标准的时候也会涉及图书馆中其他相应领域，对各项目以及各资源管理制度均有指导意义，通过现代化的服务标准使图书馆服务逐渐走向高标准。

第四，图书馆服务标准实际上也是图书馆健康快速发展的一个标准，图书馆通过健康引导可以更加深入了解本身的发展目标。

第三节　图书馆服务的理念及方式

一．图书馆服务理念的解读

（一）图书馆服务理念概述

理念在本书中也就是目标和准则，在生活中就是一种信念和思想动向，一般是行动的最高指示标准。服务理念，也就是人们在进行服务活动的行为时，是以什么作为指导原则的。因此此时的理念也就是价值观念的展示，更是实际活动的精神诠释。"当前的服务理念都是以为人民服务为宗旨的，只有以这样的意识为基础的一系列衍生服务理念，有一系列相关的服务宗旨、原则、目标、方针、精神、使命和政策等。"图书馆针对现代服务理念的原则上衔接，还是需要从更多的服务理念的最原始的深刻性进行展开考虑。

现代图书馆服务面对新的环境和新的需求，必须树立新的理念。对图书馆来说，服务理念的树立与创新不仅是自身发展的需要，同时也是应对网络环境下各种挑战的竞争要求。图书馆服务理念是指导图书馆服务工作的基本方针，是图书馆整体工作理念的主要组成部分，是图书馆用户服务原则、服务态度、服务方式的集中体现。它是在长期图书馆服务工作实践的基础上总结出来的，反映了图书馆服务的客观发展规律，是图书馆服务工作的前进方向、奋斗目标、理论依据和行动准则。

图书馆服务理念是图书馆主体在图书馆工作实践中,从图书馆产出的服务性出发,对一系列图书馆问题所形成的总体看法。所谓"图书馆服务理念"就是服务的自身定位问题,也即为谁服务和怎样服务的问题。图书馆服务的形式经历了从封闭到开放、从面对面到远程、从定时到随时、从无偿到有偿、从局部到全球、从被动到主动、从信息到知识等一系列的转向,并且呈现出了多种服务并存、手段与方式不断更新与拓展的态势,与图书馆服务方式和内容同步演变的,便是图书馆新的服务理念的形成和不断更新。快速变化的图书馆服务方式和手段,必然引发图书馆服务理念的转向,进而引发服务理念的创新。其主要观点有:文献信息服务是图书馆的基本产出,读者和用户是图书馆的直接顾客,不断满足读者和用户明确的或潜在的知识信息需求是图书馆改革和发展的落脚点。

图书馆服务理念的第一特征是鲜明的选择性,在现实条件下,图书馆成了图书馆服务产品的提供者,广大读者(用户)成为图书馆服务产品的利用者和消费者,他们有权选择图书馆服务。图书馆服务的选择性蕴含着图书馆供方的竞争。因此,作为文献信息服务提供者的图书馆,在读者(用户)自由选择利用图书馆的竞争机制下,必须努力提高服务质量和品位,为社会提供优质的服务以满足读者(用户)的需要。

图书馆服务理念的另一特征就是层次性,读者(用户)有不同层次的"消费需求",图书馆必须区别对待,分层服务。

(二)图书馆服务理念的主要内容

1. "以人为本""用户至上,服务第一"

从哲学的角度看,所谓的"以人为本",简单地说就是正确认识和处理人与其他生产要素的辩证关系,重视人的创造力及其主导、能动和决定作用,将人作为"活力源",从而形成的关于人的科学理念。从知识的角度说,"以人为本"符合辩证唯物主义的认识论。作为图书馆来讲,人、财、物、文献管理、信息开发、服务纵然千头万绪,但一切是受人统帅和支配的,是通过人的工作和劳动去实现的。

在图书馆服务中,坚持"以人为本"的服务,指的是在服务工作中,不管何时何地,都要"用户至上,服务第一",要把"为一切用户服务""一切为了用户""满足用户的一切合理需求"作为图书馆服务工作的出发点和归宿。图书馆的社会价值是从满足用户需求中体现出来。一个图书馆办得好不好，其办馆效益、社会价值如何，主要以用户对图书馆的认识去衡量，要看他们对利用图书馆的希望程度，对服务项目和服务标准的信誉程度，对服务人员素质和服务水平的满意程度，对服务效果的认可程度。

图书馆工作以用户为主导，并在三个方面给予充分体现：一是用户对文献信息。即馆藏文献信息是否符合用户需要，馆藏的信息、知识量度，内容价值必须由用户做出判断；二是用户对图书馆员，即馆员的服务态度、服务能力、服务效果必须由用户来鉴定；三是用户对图书馆工作，即图书馆的各项业务建设、制度规章、服务项目及设施是否反映用户利益与要求，必须由用户加以评价。"用户至上，服务第一"的表述与商业市场提出的"顾客至上"或"顾客是上帝"没有本质的区别。可以说，用户既是"上帝"，又是"主人翁"。为此，国内外许多图书馆将"用户至上，服务第一"作为馆训。为充分体现这一指导思想，图书馆采取成立读者工作委员会实施对图书馆工作的具体指导；定期向读者汇报工作，出版图书馆工作年报，如实反映取得的成绩和存在的问题，接受全社会监督；推行义工制，邀请读者积极分子义务协助图书馆工作等等。

体现"用户至上，服务第一"的理念，还应该体现在尊重读者的阅读自由，不对读者设置不符合政策、不符合人权的障碍；不能愚弄读者，不能为了显示图书馆的"业绩"或某领导人的"政绩"，不管社会需求和读者意愿，花样翻新，经常搞具有轰动效应的宣传，读者并未获益，只是被当作宣传的玩物；不侵犯读者的著作权，因为任何作者都可能是图书馆的读者，有效、合法地利用和保护他们的著作权，正是图书馆生存、发展的重要条件；用户利用图书馆的合法权益必须得到尊重，要提高服务的文明水平，绝不出现对读者的不恭用语，即使读者行为出现不轨亦不能采取"偷一罚十"等违法措施。事实表明，图书馆服务工作只有在实际上而不是在口头上确立读者是图书馆的主人地位，才能"一切为了读者"，真正做到全心全意为用户服务。

2．重视服务成果的理念

服务作为智力劳动必然要产生成果。重视服务成果的观念对于强化服务的目的性非常重要。这具有两层意思：

一是不仅把服务作为一个图书馆工作过程，更重要在于把它当作一个目的。既然是目的就要看重服务成果，这种成果包括服务活动中的工作成果和开发文献信息产品的成果。为此，服务工作自始至终都要具有需求观念，要经常性开展调查研究，并建立长期的反馈系统，不断改善服务，提高工作质量，争取获得最大的效益。而图书馆服务工作人员也务必改变"守门人"终日流于上班下班、不求效益、不思进取的状态。

二是要重视服务成果而不异化服务成果。对图书馆服务成果要正确分析、对待，它是一个潜移默化的过程，有一定量的局限，不可能立竿见影，一般都由量变到质变。所谓异化用户的劳动成果就是将用户自身的努力、创造所取得的成就都归结于图书馆的服务，往往对此广为宣传，并向用户颁发"读书成果奖""读书贡献奖"等。

目前，有一些图书馆为显示自己的服务成果，一些用户为获取殊荣及在图书馆得到相应的服务优惠条件，彼此需要的"双向动力"似乎使此项活动异常热乎。对服务成果的异化，也是对用户劳动成果的异化，应属"打假"之列，切切不可作为提高图书馆社会价值的举措。重视服务成果必须树立科学、务实精神，以长期不懈的努力，从优质而具体的工作成果和特色而有效的信息产品成果所产生的社会效益和经济效益中显示出来。

3. 竞争理念

作为精神文化服务而言，广播、电视、文娱、体育、信息网络正在日益发展、提高，任何人都无法摆脱社会文化的影响和制约，并同时参与文化的活动与创造。当今图书馆的生存条件面临着重大挑战，人们不仅可以享用丰富多彩的广播、电视节目，还可以不出家门利用网络图书馆来获取各类信息，甚至可以通过网上书店购买书刊。在所有竞争对手中，网络对图书馆的冲击最为明显。网络仿佛是一个庞大的图书馆，随时向人们提供无所不包的信息，任何人只要家里拥有一台电脑，连通网络，就可以跨时空、跨地域地漫游信息世界。网络的发展势必削弱人们对图书馆的依赖程度。同时，面对开放式的环境，用户与网络之间是一种人机对话交流形式，没有传统图书馆服务形式中一些人为负面因素的影响，既能较好地满足用户迅速获得文献信息的需求，还节约了人们往返图书馆的时间、交通费用等这些边际成本。在这种情况下，人们将是上网还是去图书馆进行选择的权利，若能够在家里"坐享其成"，还有谁愿意花时间和精力前往图书馆。

大众传媒及信息网络发展的动力是科学技术与社会需求，但它们对图书馆既构成一种冲击，同时也提供了一个动力和机遇。纵观精神文化的求乐、求美、求知的总体功能，图书馆作为社会求知的知识载体将永远在精神文化中处于龙头地位，并且日益具有求乐、求美功能。阅读渗透于生活的每个角落，为其他文化服务不可替代。另外，网络对图书馆更多的是一种互补的关系。这是因为一方面网络上对用户有用的信息资源并不是太多，有些资源还是以商业性质出现，图书馆的资源优势仍然存在；另一方面网络的利用毕竟需要有计算机、上网等技术条件作前提，此外网上阅读还极易产生疲劳，没有传统阅读的休闲和随意。因此有人认为，图书馆真正的竞争对手是书店以及各种形式的社会读书组织。目前书店越来越多，它们将售书与提供宽松的读书、选书形式结合，阅读环境舒适、自由，尤其是特价书市不断出现，往往其中的顾客大都是阅读而不买书。社会读书组织，诸如书友会、读书社、读者沙龙、读者俱乐部、图书银行等，它们采取会员制形式，以少量的交费，享受互惠借书刊或优惠购书等，远比图书馆服务灵活、方便，颇受读者欢迎，已构成对图书馆服务工作的一个威胁与挑战。为此，我们应该充分发挥自己的优势，努力克服封闭、保守状态，进一步深化信息开发，加强网络化与数字化建设，提升服务人员素质与服务水平，化被动为主动，力争在各类精神文化服务方面牢固占据自身应有的地盘。

4. 特色服务理念

在科技、经济、教育迅速发展，社会需求日益多样化的环境下，扩大规模，全面出击，并非图书馆发展的最佳出路。相反，盲目的外延式发展有可能使图书馆在将来陷入进退两难的境地。企业界对此有许多深刻的经验教训，如一味地扩张产业使企业难以生存，而特色产品和服务却往往能够在竞争中占据优势。因此，现代图书馆没有必要去追求自身规模的大而全，而应树立特色服务的理念，充分利用网络和图书馆资源的优势，开展特色服务，使之在激烈的社会竞争中求生存、求发展。

近年来，北京、上海、湖北等地出现的特色图书馆和图书馆特色服务是非常成功的，获得了社会和图书馆用户的一致赞誉。特色图书馆和图书馆特色服务是在改革开放和市场经济这个大背景中孕育出来的具有中国特色的新事物，它的出现给我国的图书馆事业注入了新的活力。从发展的轨迹看，特色服务开始是在图书馆改革实践中从传统的常规服务中派生和发展起来的，表现出"人无我有，人有我优"的与众不同的特性，在长期的工作实践中逐步形成并相对稳定下来，展现出各个图书馆的个性。

特色服务之"特"主要有三个方面：其一，对象上的特色。特色服务的服务对象往往突破了地域界限和用户服务工作常规，适应了"为一切用户服务"的宗旨。其二，服务方式上的特色。特色服务改变了传统的在出纳台前坐等用户上门的被动服务模式，而是走出图书馆大门，在更为广阔的空间，采取多样的服务措施，体现了"一切为了用户"的宗旨。其三，服务内容上的特色。图书馆开展特色服务，其资源必然是对一些专题和学科具有相对丰富的收藏，能为用户提供比较专业和专门的服务。

虽然特色服务的形式呈现出多样化的格局，但是，如果我们对图书馆特色服务的内容加以认真分析和研究，不难看出特色服务所具有的共同特点：一是适应社会公众的需要。特色服务项目的设立，充分考虑了社会公众的需求程度和地区环境的特点，因而具有强大的生命力和深厚的社会基础，这是搞好特色服务的先决条件。二是具有专题馆藏资源的优势。图书馆的特色服务必须建立在文献资源特色化的基础上，并以此构成用户服务的基础，为取得较好的服务效果铺平道路。失去了这一优势，特色服务只是一种奢望和空谈。三是采用现代化的服务手段。特色服务显示出现代化的服务特征。如在文献载体上，由单一的印刷型书刊转变为书刊、音像制品和电子出版物、数字文献等多种载体；服务方式上，改变单纯的借还为文献的采集、流通、辅导、咨询以及情报信息服务于一体的新模式；在服务手段上，已不完全依靠手工操作，而是借助于计算机和网络技术进行文献信息的管理开发和利用。

5. 3A新理念

对于广大用户那些较低层次的文献信息需求，图书馆传统的服务模式和方式已基本可以使其得到满足。然而，如何满足广大用户那些较高层次的文献信息需求，应该说还有很大的研究空间。与知识创新相关的文献信息需求以及与审美、教学、认知相关的文献信息需求极为迫切。于是一种崭新的用户服务理念Anytime、Anywhere、Anyway（无论何时、何地、以何种方式），简称"3A理念"便应运而生。所谓"3A理念"，就是说，无论用户在什么时间、什么地方、通过何种方式，都能得到图书馆方便、快捷高效的文献信息服务。要使这个理念变为现实，有赖于"虚""实"两个用户服务系统作为依托。所谓"虚"，就是基于网络的虚拟用户服务系统或称虚拟参考咨询服务系统。目前，有一些高校图书馆网站已经建成了"网上（虚拟）参考咨询台"，使用户可以随时随地与各位参考咨询馆员通过电子邮件或电话取得联系，获得各种与文献信息检索相关的指导和帮助，可以随时随地利用"常见问题解答"得到有关问题的答案，可以随时随地通过"网上参考工具书"查阅网上免费的在线词典、百科全书、地图集，可以随时随地通过"学习中心"，学习、掌握各种电子资源的使用方法。所谓"实"，就是基于流通、阅览、声像等业务部门以及遍布各个部门的实体参考咨询台。"虚""实"结合，使图书馆服务的时间、空间从有限变为无限，服务方式也由比较单一趋向多元化。

6. 协作服务理念

由于现代科学技术迅速发展，文献数量急剧增长，无论哪一个图书馆都不可能做到把某一学科文献收集齐全。而现代社会生活丰富多彩，用户的文献信息需求繁复众多，无论在哪一个图书馆都不可能完全得到满足。由于社会分工高度专业化，文献信息服务活动整体化已形成互相依存、互相促进的态势，图书馆联盟的作用将日益凸显，人们愈来愈依赖于行业内与行业间的合作与交流，从而使交流与服务更加呈现多元化。

几十年来，图书馆界为使自身形成一股群体力量，开展协调与协作，取得了一定成绩。但与当今社会发展要求尚有相当距离，特别是文献资源"共建共享"工作中存在着论说多、实际行动少，共享的兴趣高、共建的积极性低，目的性不明确，直接为用户服务的社会效益不明显等问题。图书馆服务特别是馆际互借和文献传递服务未得到有效利用，不少图书馆的服务工作局限于本馆的文献资源，服务工作组织管理人员缺乏资源共享观念，造成服务拒绝率较高。

图书馆协作服务的目的在于提高服务能力与水平，使服务形式更加灵活多样，服务内容更加丰富全面。图书馆协作的组织形式是成立各种各样的图书馆服务联盟。鉴于信息网络已经成为全球化的格局，各图书馆在协作架构中怎样去组织、加工各种传统文献资源并有效地利用网络资源是服务工作中不可忽视的问题。

图书馆的协作服务实践要在各馆之间通过充分协调，从用户需求出发，选择关系全局、用户受益比较大的项目进行。这除了确定图书馆的资源建设方向外，还要解决为用户提供什么信息的问题。书目信息是图书馆开展服务，组织文献资源流通的基本手段，是文献资源"共建共享"的基础，务必优先集中力量做好，因为知识不仅靠积累，更重要的是靠检索。

图书馆协作服务还应该包括社会团体及用户群，只有把图书馆融入社会，并从中有效地汲取、利用智力资源、物质资源等，才能互相服务，彼此信任，良性互动。协作与竞争是对立的统一，为了共同的利益开展协作，从协作中显示自身的实力就是竞争；而竞争又是为了共同的利益，更好地提高图书馆的协作水平。

7. 信息无障碍的服务理念

信息无障碍的服务理念是全世界图书馆数百年来共同的服务宗旨，其主要的服务对象是民众中的残疾人群体。

在工作实践中，信息无障碍服务理念可在以下几方面给予体现：第一，以无障碍理念来设计图书馆建筑，包括残疾人专用坡道、盲道和相关卫生设施；第二，从方便读者的角度出发，设身处地为残疾读者着想，开展送书上门服务；第三，利用现代信息技术，大力发展网络服务和虚拟参考咨询服务；第四，摆脱传统的图书馆空间和文献资源按文献载体和文献类型布局的模式，改按文献的内容主题来划分，避免读者包括残疾读者的来回奔波。第五，根据残疾读者的具体服务需求，量身定做，开展个性化服务。

二、图书馆服务的多元化方式

图书馆作为公共文化服务体系的重要组成部分，一直以来都在为读者提供着各种各样的服务，具体包括以下方面：

主动服务是指图书馆员主动向读者提供信息，以帮助读者更好地利用图书馆资源。这包括向读者推荐阅读、解答疑问、提供参考咨询等。在主动服务中，图书馆员需要积极了解读者的需求和兴趣，掌握一定的学科知识和阅读指导能力，能够及时为读者提供有效的帮助。

被动服务是指读者主动向图书馆员寻求帮助或提出要求，如借阅图书、查询资料、听取讲座等。在这种情况下，图书馆员需要耐心听取读者的需求，及时提供相应的服务和解答读者的疑问。同时，也需要为读者提供必要的指导和帮助，以便读者更好地利用图书馆资源。

阵地服务是指图书馆员在图书馆内提供服务，如借阅图书、提供参考咨询、举办展览等。这种服务方式是最常见的图书馆服务方式之一，也是读者最直接的服务方式。在阵地服务中，图书馆员需要具备良好的服务态度和业务素质，能够为读者提供优质的服务和指导。

流动服务是指图书馆员到读者所在地提供服务，如流动图书馆、送书上门等。这种服务方式主要是为了方便那些无法到图书馆的读者，让他们在家中或其他地方也能享受到图书馆的服务。流动服务需要图书馆员定期到读者所在地进行服务，为读者提供必要的图书资源和信息服务。

数字化服务是指图书馆提供数字化资源和服务，如电子图书、在线数据库、数字化资源库等。随着互联网技术的不断发展，数字化资源已经成为图书馆资源的重要组成部分。数字化服务能够让读者随时随地获取图书馆的资源和服务，提高读者的阅读体验和使用效率。

自助服务是指读者通过图书馆的自助设备或网站自主完成借阅、查询等操作。这种服务方式能够让读者更加方便快捷地获取自己需要的服务和资源，同时也提高了图书馆的工作效率和服务质量。在自助服务中，需要图书馆提供完善的自助设备和网站平台，同时也要注意对读者进行必要的指导和帮助。

互动服务是指图书馆员与读者进行交流和互动，如开展读书分享会、座谈会等。这种服务方式主要是为了增进图书馆员和读者之间的沟通和交流，加强图书馆和读者之间的联系和互动。通过互动服务，可以让读者更好地了解图书馆的资源和活动，同时也能够让图书馆更好地了解读者的需求和反馈。

第四节 现代图书馆服务的转型思考

一、服务转型是图书馆发展的必然趋势

"转型"是指事物从一种运动形式向另一种运动形式转变的过渡过程。它是社会学对生物学概念的借用，以描述社会结构具有进化（或演化）的意义和结构性变迁。

(一)社会转型与图书馆服务转型

社会转型是社会结构转型的简称,是社会的整体性变动或结构性变迁,社会转型的实质,是自我摧毁以便自我重建的一种事件频发的过程,它反映了社会自我发生和异质发生的过程的普遍的辩证相互作用。社会转型是一种社会危机,其根源是社会失范,具有群体无知性、长期积累性、短期难以愈合性等特点,而转型不仅是对社会事件的关注和社会问题的解决,更意味着旧秩序的打破,同时意味着新秩序的建立,转型在本质上是从一种平衡态过渡到另一种平衡态,就是以不断变革的方式去适应深刻变化的环境。

在进入21世纪,传统意义上的图书馆早已不能满足用户对信息资源的个性化、多元化需求,我们不得不正视今天的社会转型,不得不思考在以计算机技术和通信网络技术为主的信息技术飞速发展的今天,图书馆如何从传统的知识存储功能向数字化综合信息中心转变,从而实现图书馆服务的转型。在社会转型的大潮中要实现图书馆服务的转型应处理好以下几种关系:

1. 处理好知识经济与图书馆的关系

在知识经济条件下,图书馆开展深层次的信息加工,协助科技前沿人员及时借鉴、参考、继承有针对性的知识信息,将是图书馆信息传递与服务的主要内容。情报信息既是新技术革命的核心内容,也是迎接新技术革命最核心的对策。除了情报的搜集和传递,还有情报的储存、整理、检索和提供问题。作为文献信息中心的图书馆除了向用户提供文献资料、解答事实性咨询外,更重要的是开发文献资源的深层次内容,提供综合信息,主动进行跟踪服务和定题服务,参与科研和生产的决策,向用户提供综述述评和预测报告等各类信息产品,即提供更快、更准、更全、更深、更多的信息服务。

知识经济时代,经济的主要增长成分将是信息,最需要的是能够利用各种传播载体,控制信息流,并加以有序管理和广泛传播的专家。在知识经济时代,图书馆员的角色将由单一化向多元化转变,图书馆员必须是知识结构合理、有良好敬业精神、素质一流的学者,能对用户无法接受和理解的知识信息予以"解读""导读",方能胜任本职工作。

2. 处理好图书馆传统读者服务与现代信息服务的关系

随着知识经济时代和信息社会的到来,用户需要图书馆为其提供广、快、准、新的信息。为了满足用户的这种信息需求,图书馆必须提高其服务水平和服务质量，拓宽服务内容，改进服务手段，积极开展网上咨询、学科导航、定题服务、网络信息资源的开发与研究、用户培训等一系列高层次的现代信息服务。目前，图书馆领导有重现代信息服务轻传统读者服务的思想，忽视流通阅览部门工作，事实上，图书馆的传统读者服务仍然是图书馆大多数读者最需要获得的服务模式之一，图书馆领导应该意识到，被动服务的工作模式无法使读者满意，传统的读者服务不能仅仅是借借还还和提供阅览。工作人员必须了解相关专业相关知识和图书情报专业知识，要了解馆藏，掌握计算机基本操作技能，积极帮助读者查找文献、解答读者咨询、指导读者利用检索刊物和参考工具书、开展新书导读等。今后，现代信息服务是未来图书馆的工作重点，但也应该认识到传统读者服务与现代信息服务将长期共存。未来图书馆是复合图书馆，体现在服务模式上就是传统读者服务与现代信息服务相互促进优势互补，既能满足普通层次读者对信息的一般性需求，也能满足科研人员等高层次读者对科研信息和知识含量的深度需求。

3. 处理好数字化建设与队伍建设的关系

图书馆数字化建设的关键是队伍建设问题。建设一支思想政治素质和业务素质高、技术过硬的专业队伍是图书馆面临的紧迫任务，图书馆数字化建设的主要目标是为用户提供更好的服务。当前，图书馆开展定题服务、网络咨询、馆藏特色数据库建设、网络信息资源的开发、学科导航等工作，需要一批专门从事现代信息服务的专业人才，他们不仅要熟练掌握计算机操作，而且要具备很高的外语水平，精通某一学科的专业知识，并要有广博的知识面，包括自然科学和人文科学知识，具有较高的文献信息检索、组织能力。图书馆数字化建设是一项长期的复杂的工程，队伍建设需逐步完善，不能一蹴而就。队伍结构一定要合理，包括知识结构、年龄结构和职称结构。图书馆管理者应转变观念，在人才培养上投入资金，为图书馆员创造培训、进修、继续深造的机会。此外，如何留住人才也是图书馆管理者必须考虑的问题。图书馆文化中价值观所确定的共同目标和共同信仰，能够激发起图书馆员工为理想奋斗的激情，促使大家去追求更加卓越的目标，从而能够极大地提高馆员的努力程度和组织的运作效率。要让馆员多从事富有挑战性的工作，让他们有成就感。要以感情留人、以事业留人、以待遇留人，这是图书馆新时期队伍建设的关键。

4. 处理好馆藏资源与网络资源的关系

无论是传统图书馆读者服务还是现代图书馆信息服务，都离不开丰富的信息资源，资源是基础，是保障，没有资源，图书馆服务就成为空话，图书馆也就不复存在。如今，用户需求越来越呈现出个性化、多元化趋势。图书馆服务正在从信息服务走向知识服务，要为用户提供高质量、深层次的知识服务就必须拥有丰富的、多种载体、多种形式的文献资源，无论馆藏资源多么丰富，仅仅依靠自身馆藏也难以满足当代用户的信息需求，但又不能过分依赖网络资源，网络资源浩如烟海，但不乏大量的垃圾信息，而且过于分散不成系统，图书馆既要加强自身馆藏资源建设，形成纸质资源与电子资源相结合，实体馆藏与虚拟馆藏相结合的馆藏体系，同时也要加强对网络资源的搜集、挖掘、整理、储存，以弥补馆藏资源的不足，更好地满足用户需求，促进图书馆实现其服务转型。

（二）各种新技术为图书馆服务转型提供支持

如果说数字化、网络化等信息技术在图书馆的应用，使得现代图书馆成为一个信息共同体，实现了信息共享全球化。那么，近年来，各种新技术、新产品的应用为图书馆服务转型提供了技术支持。

1. 网格技术与图书馆的服务转型

网格是近年来国际上兴起的一种重要的信息技术，一经出现便在国际上引起了广泛的关注。网格技术的目标是基于因特网技术、Web技术和高性能计算等技术，采用开放的标准，构建一个网络虚拟环境，并实现该环境下的资源共享和协同工作。网格技术的应用可以消除信息与资源的孤岛。由此可见，网格技术对于解决互联网上的资源共享问题、复杂系统的综合集成问题、人机交互与人工智能以及信息安全等问题都具有重大的指导意义。正是由于网格技术对于处理异构型的资源、分布式的系统以及动态性的服务等方面具有强大的功能，因此网格技术在数字图书馆建设中的应用已成为图书情报领域的研究重点。

随着网格技术的不断发展，网格为数字图书馆的跨系统集成服务提供了新的应用平台。在网格环境中，每个独立的数字图书馆系统或是数字图书馆联盟系统都可以作为其中一个节点，为用户提供资源与服务。各个节点之间通过网络互联并应用网格技术实现资源网格，旨在实现资源共享和协同应用。

网格为现代图书馆服务转型提供了以下条件和保障：

（1）网格为图书馆服务转型提供了统一的平台。网格中的平台和资源都是共享的，它将分布在各地的计算机、数据、信息、知识等进行整合并组织成一个逻辑整体，并在此基础上安装运行各种应用程序，为数字图书馆提供一体化信息服务的信息基础设施。应用网格提供的平台进行数字图书馆构建有两个比较明显的优势：降低了建立网站的成本和降低了提供网络服务的成本。在信息网格中，资源被统一调度管理和使用，用户通过网格操作系统使用整个网络资源的过程是完全透明的。网格利用现有的网络基础设施创建了一种基于因特网的新一代信息平台和软件基础设施，为用户提供了一个一体化的智能信息平台。在这个平台上，信息处理是分布式的，是协作与智能化的，用户再也不需要从成千上万的网站中寻找合适的信息，而是通过访问该平台提供的单一入口就可以得到全部的信息。

（2）网格有利于现代图书馆的信息集成。现代图书馆建设本身就是一个庞大的系统工程，内容涉及诸多方面，只有各方协同工作才能保障系统的正常运转。网格通过高速的因特网将分布在不同地理位置的资源集成起来，利用先进的信息技术从而获得高性能的计算能力和高效的资源管理与服务能力。网格技术能够在分布式的异构环境中精确定位所需的数据集，并为后续处理提供相应的支持。当用户使用这些资源时，不必关心它们的来源以及负载情况等。网格计算技术可以将各种远程资源合理有效地组织起来，形成具有超强处理能力、包含丰富信息资源的网络虚拟计算机。因此，网格技术成为图书馆连接各类远程异构资源、实现信息集成与整合的一条重要途径。

（3）网格有利于实现数字图书馆的资源共享。作为第三代 Internet 的网格技术要实现网上所有资源的全面联通。通过把分散在不同地理位置的计算机空闲资源组织成一个巨大的"虚拟超级计算机"，以此来解决那些对于超级计算机来说都难以解决的计算能力问题，由此来实现所有资源的互联互通以及多种资源的全面共享。网格为用户提供统一的访问接口，通过选择适当的访问协议来实现用户的数据访问请求，并全面支持异构数据资源的访问。网格能实现应用层面的连通，通过提供单一的系统映像，实现信息资源的智能共享。网格资源共享的特点是透明性、可靠性和负载均衡。因此，网格技术的应用能够极大地提高数字图书馆资源的利用率，消除数字图书馆中的信息孤岛。

（4）网格有利于图书馆的海量数据处理。网格具有的超强计算能力能够很好地解决海量数据的计算、分析和处理。它将分布在不同地理位置上的计算机连接在一起，连接的计算机规模越大，其计算能力也就越高。当用户发出计算任务请求，网格就将这些任务调配给各个计算机去执行，并将计算结果进行汇总并反馈给用户。在这一过程中，网格智能地分配计算资源，并对现有的计算资源进行优化，从而达到以最短的时间、最低的成本完成所有相关的任务。数字图书馆通常所要处理的数据量较大，将网格技术与数字图书馆技术有机地融合，可以为分布式异构环境中数字图书馆实施信息挖掘与知识发现提供技术支持。

目前，我国在教育、科研等不同领域都开始了数字图书馆建设，各个大型的数字图书馆信息资源相对分散、信息的组织形式不尽相同，服务方式和服务领域各有侧重，如何综合各个数字图书馆的长处，最大化地为社会公众服务，需要用一种先进合理的方式把多家数字图书馆有机地组织起来。以分布式集群为基础的网格技术由于高性能、支持开放标准、功能动态变化为其提供了良好的解决方案。例如，国家数字图书馆作为中国下一代互联网的重要节点之一，通过集群系统构建高性能计算节点和资源节点，可以为中国数字图书馆建设的海量数据处理、信息集成、知识管理提供操作平台。构建在高性能集群系统之上的网格软件能够快速为公众构建不同主体、不同内容的数字图书馆。

2. 云计算开辟了图书馆服务新模式

"云"在当今世界已经变得越来越热门，"云计算""云服务""云资源"等早已为人们所熟悉。狭义云计算指IT基础设施的交付和使用模式，指通过网络以按需、易扩展的方式获得所需资源；广义的云计算指服务的交付和使用模式，指通过网络以按需和易扩展的方式获得所需服务。这种服务可以IT和软件、互联网相关，也可以是其他服务。云计算的核心思想，是将大量用网络连接的计算资源统一管理和调度，构成一个计算资源池向用户提供按需服务。提供资源的网络被称为"云"，"云"中的资源在使用者看来是可以无限扩展的，并且可以随时获取，按需使用，随时扩展，按使用付费。云计算的产业三级分层：云软件、云平台、云设备。

云计算作为近年来兴起的新型计算技术，它是储存和高效网络的解决方案，因此，受到图书馆界的广泛关注，并深刻影响着图书馆信息技术的应用模式和发展走向，云计算可以称为是一种对信息资源集中和虚拟化的技术，它将直接改变传统的信息接收、信息决策、信息处理和控制的方式。云计算将为图书馆服务带来前所未有的变革。

（1）云计算带给图书馆新的服务理念

第一，动态优化。云计算作为一种计算和应用平台，将零散的数字资源进行优化整合，重新分配和使用，所有的资源存储在"云海"中，用户可以在任何时间、任何地点以快捷、方便、安全的方式获得"云"的相关信息和服务，根据用户提出的需求，云平台可以动态地为用户提供和分配资源，从而形成一个基于云计算的大型信息超市，在云计算环境下，图书馆应打破地域和行政格局，广泛建立联系，形成图书馆联盟，全面结合和运用云计算技术，在虚拟环境中采用动态优化技术，为用户提供一个动态的优化的资源平台。

第二，高效低碳。实现云计算图书馆的服务。云计算最大的特点在于软件硬件都是服务，"云"带来了新的选择，图书馆可以自己建立云计算环境，也可以交由云计算提供商来提供处理能力。可以从云计算提供商那里租用IT基础设施，极大地降低了运营成本，图书馆不必再通过持续不断的投资来更新和维护IT基础设施，可以将自己的IT业务外包给云计算提供商的公司，按照自己的实际使用量付费，彻底改变以前那种自给自足的传统作坊模式，由分散到集中，由高耗到低碳，传统的IT功能弱化，新的IT运维模式生动地体现了技术的进步，顺应了历史发展的源流。

第三，智慧共享。从并行计算、网格计算到云计算，信息技术一步步变得更加智慧。图书馆也需要通过云计算来变得更加智慧来实现最大意义上的资源共享、互联互通。现有的图书馆，由于建馆的目的和地域的限制不同，其服务的对象往往是局部的和固定的，通过云计算技术，图书馆的服务对象得到了最大的延伸，图书馆的纸质文献、数字文献、设备设施乃至图书馆工作人员，都成为云计算图书馆的宝贵资源，打破狭隘的服务思想，树立为全社会服务的理念，成为图书馆未来发展和成长的关键。专业的云服务提供商，先进的数据中心、严格的权限管理策略可以帮助图书馆和用户最大限度地实现智慧共享。每个图书馆背后都以互联互通的图书馆网作为支持，馆际互借、资源共享都通过网络协议来实现，整个行业就是一片云海。

第四，普遍均等。公平、自由、便捷地使用图书馆是图书馆人不断追寻的目标。普遍均等、惠及全民是图书馆精神的核心所在，智慧与服务精神是中国图书馆精神之发源与基点，云时代，更应坚持公共服务普遍均等，兼顾城乡之间、地区之间的协调发展，统筹规划，合理安排，形成实用、便捷、高效的图书馆服务网络。崇尚智慧，至诚服务更加成为可能，信息自由普遍获取、普遍平等服务这一国际图书馆界"普世价值"会尽快得以实现。

（2）云计算时代图书馆服务的深刻变革

第一，由分散走向融合。图书馆与云计算融合后，图书馆各自为政的局面将出现极大的改观，由于每个图书馆都在云计算平台上运行，资源、数据的融合变得相当容易，图书馆在自身服务特色基础上，通过开展广泛合作，达到在云计算这个互联网平台上实现合理分配资源，互通有无，不断走向规模化、集约化。同时，实体馆可以集纳云计算平台带来的优势，更加专注本地的读者群的个性化服务。互联网是一个相互依赖的世界，云图书馆是一个图书馆界的大联盟。每个图书馆都必须将自己视为云图书馆的一分子，贡献所有，各取所需，实现最广泛意义上的共建共享。

第二，由阵地服务到跨界服务。云计算使得多个信息源无缝集成，为图书馆实现跨界合作，跨界服务提供了现实可能性。图书馆凭借云计算平台，可以更好地进行个性化定制，实现跨时空推送服务，改变以前传统单一的单纯等待用户到馆，被动接收用户的服务方式。例如，图书馆与搜索引擎等数据界面的跨界合作，可以有效契合用户使用习惯，将图书馆的信息服务集成到用户终端，由传统服务转向知识聚合，以用户为驱动，显著提升服务能力。

第三，信息技术由外围辅助作用转为核心支撑功能。传统图书馆往往依赖于物理馆的存在，不断建设藏书规模，以此来向读者提供借阅服务。在云计算环境下，图书馆服务成为一种基于信息和知识的基础设施，数据资源的存储和提供方式会截然不同，云图书馆必须满足用户使用的信息行为，超越传统图书馆服务方式，信息技术由原来的外围辅助作用转变为核心支撑功能。图书馆以及各自的资源与服务，都是依托图书馆云计算平台来运行的，云计算成为一种技术手段和实现模式，图书馆以及用户在不知不觉中通过云平台实现计算和数据的共享，社会网络成为信息服务的主要场所，信息技术成为云图书馆的核心支柱。

（三）信息服务业的崛起挑战图书馆服务

信息服务业包括系统集成、增值网络服务、数据库服务、咨询服务、维修培训、电子出版、展览等方面的业务。信息服务主要指除软、硬件产品的销售之外，围绕信息系统软、硬件产品的推广应用所进行的各项服务过程，主要包括网络信息服务和专业计算机服务两大部分。网络信息服务现在主要指通过互联网提供的信息服务，包括互联网接入服务（ISP，即通过电话线、同轴、光纤或无线等手段，把用户的计算机或其他终端设备接入互联网），互联网内容提供服务（ICP，即提供互联网信息搜索、整理加工等服务），网络应用服务（ASP，即为企事业单位进行信息化建设、开展电子商务提供各种基于互联网的应用服务）等。专业计算机服务包括系统集成、咨询、培训、维护和设施管理等服务。

信息服务业是信息产业中的软产业部分。信息服务业是从事信息资源开发和利用的重要产业部门，属于第三产业。信息服务业是连接信息设备制造业和信息用户之间的中间产业。对生产与消费的带动作用大，产业关联度高，发展信息服务业有助于扩大信息设备制造业的需求和增加对信息用户的供给。

信息服务业的发展不仅仅是一个行业、一个产业的问题，它关系到国民经济与社会发展的全局。信息服务业已成为当今世界信息产业中发展最快，技术最活跃，增值效益最大的一个产业。

目前，全球信息产业"服务"化的趋势愈来愈明显，信息服务业在国民生产总值中比例也不断提高。近年来，我国政府也不断出台相关的政策扶持信息服务业的发展，并对信息服务业的发展及定位也提出了一些新的看法要求。

近年来我国信息服务业快速发展，增长率远高于经济平均增长率。同时要看到，我国的信息服务业尚处于起步阶段，占信息产业市场的比例过小。随着我国信息化工作的推进，预计信息服务业在今后仍将保持高速发展的态势。

随着全球信息化、网络化的迅猛发展，信息服务业异军突起，它改变了以往图书馆单一机构的信息服务格局，基于互联网的各种信息服务提供商体制灵活，服务手段先进，越来越多的读者关注这些服务，比如通过各种搜索引擎来查找所需的信息，还有各种专业的知识服务供应商提供的各种数据库及链接，如"中国知网""读秀学术搜索""重庆维普""万方数据"等。这些竞争者无疑对图书馆的服务带来了挑战，同时也是图书馆服务模式转型的动力，图书馆必须寻求新的途径，充分发挥自身的优势，不断地创新服务内容，实现图书馆质的飞跃。

（四）用户需求是图书馆服务转型的内生动力

作为信息服务机构，图书馆的工作都是围绕"用户"，即服务对象而开展的。因此，对用户需求的研究是改善和提高图书馆工作的前提条件。当代计算机技术、网络技术、网格技术成果以迅猛之势，极大地改变着人们传统的理念和工作方式，使人们活动的环境发生了前所未有的变化，一种全新的网络生存方式逐渐进入人们的日常生活，正在逐渐地被人们适应和接受。对于为用户提供文献信息服务的图书馆而言，不仅要积极地融入新的环境并拓展自己的功能，而且还要认真研究当前环境中用户需求的变化，才能更好地完成自己的工作，为用户提供更优化的服务。

1. 服务对象的变化——从"读者"到"用户"

读者有广义和狭义之分。广义上说，凡是具有阅读能力并从事阅读活动的社会成员均可被称为读者。在现实生活中，不仅图书馆有读者，而且文献出版部门、文献发行部门也有读者。除此以外，其他文化宣传部门也有读者。读者既是阅读文献的主体，又是著作、印刷品及其他宣传渠道作用的客体。所以，我们把社会上一切有阅读能力和行为并能接受文献信息作用的人，都纳入读者的范畴。狭义地说，读者指的是具有阅读能力并从事利用图书馆馆藏文献活动的社会成员。这就是我们熟悉的图书馆读者。

如果说读者是相对文献而言，用户原本是一商业词汇，但这里的用户则是相对信息而言。信息服务是以信息为内容的服务业务，其服务对象是对服务对象具有客观需求的社会主体（包括社会组织和社会成员），在服务中，这些主体被称为用户。在图书馆和情报（信息）部门开展的文献信息服务中，用户通常指科研、技术、生产、管理、文化等各种活动中一切需要利用信息的个人或团体。前者称为个体用户，后者称为团体用户。在信息传播与交流服务中，用户系指具有信息传播与交流需求的所有社会组织和个人。

应该说，凡具有一定社会需求和与社会信息交互作用条件的一切社会成员（包括个体和团体）皆属于信息用户的范畴。

图书馆服务对象从读者向用户转变，随之发生变化的就是由读者服务工作向用户服务工作转变。这也是现代图书馆服务转型的核心。它蕴含着传统图书馆服务理念、服务意识的根本改变，蕴含着信息服务工作重要性的增强和地位的日益提高，蕴含着现代图书馆服务对象和范围的扩大，也蕴含着传统图书馆的读者服务工作从此走向社会化。

读者服务的社会化进一步发挥了图书馆的社会职能。以高校图书馆为例，它们既可向社会提供以载体为单元的知识输出服务，也可向社会提供以概念为单元的知识输出服务；它们可以为社会生产服务，也可以为社会文化科学服务，为决策服务。

2. 现代图书馆用户需求的满足

网络环境下，由于用户计算机水平不同、专业背景不同、语言和文化习俗不同、所处的地理位置不同，他们在利用网络信息资源中的需求行为方式也表现各异，因而用户需求也变得复杂多样，用户对信息服务也提出了更高的要求。在网络环境下，图书馆如何满足用户需求便成了图书馆服务转型的内动力。

图书馆从封建藏书楼到现代图书馆演变的过程，就是一个应读者需求的不断发展而改变的过程。读者需求的变化将直接影响着图书馆服务的内容，满足读者的需求是图书馆服务的终极目标，在网络化、数字化环境下，读者对信息的需求无论从广度上还是深度上都发生了根本性的变化，对所提供信息的质量也有了更高的要求，文献已经不再是主要的信息源，电子型、数字型文献需求增多，同时，读者的信息需求已不满足于单纯的文献信息提供，而是要求对信息中的知识内容进行挖掘、开发和利用，要求图书馆转向专业化、个性化的知识信息服务，面对读者的需求，面对市场和新技术的竞争，图书馆应该不断地创造新的服务方法和服务形式，为读者提供新颖的信息服务。

二、图书馆服务转型的基本走向

网络技术和通信技术的发展给现代图书馆服务带来了全新的社会背景和技术环境，网络数字化环境使图书馆服务的内容、方式和手段等都发生了根本性改变，特别是随着"云"计算、"云"资源、"云"服务等现代理念的融入，泛在知识环境、泛在图书馆概念的提出，深刻影响着图书馆服务模式的发展走向，归纳起来，现代图书馆服务转型呈现出如下基本走向：

（一）服务对象——从服务到馆读者向服务社会转型

图书馆网络化、资源的数字化早已消除了读者与图书馆之间的地理障碍，早已不受时空的制约，图书馆的可用资源得到了前所未有的挖掘和延伸，无论是公共图书馆、高校图书馆、各科研机构图书馆等都突破围墙，走出固定场所，不仅仅是为到馆读者服务，而是为整个社会服务，使服务的区域得到了巨大的延伸，特别是各高校图书馆和科研机构图书馆他们不再仅仅服务于本校、本单位的用户，而是充分利用其丰富的文献资源和人才设备优势，主动接触社会，主动向社区开放，向企事业单位开放，服务地方政治、经济、社会、科技、文化等事业的发展，如广州大学图书馆为地方政府提供信息服务的工作得到了图书馆界的高度认可和赞赏，成为华南地区乃至全国高校图书馆服务社会的典范。

（二）服务内容——从信息服务向知识服务转型

信息服务就是图书馆向用户提供文献信息的服务过程和服务活动，是图书馆帮助用户获取文献信息、激活文献信息内容、实现资源共享的过程和行为。图书馆通过信息服务，实现文献信息流通、交换，把文献信息分配传递给一定的接受者。进而促进文献信息的有效利用。信息传递服务包括图书馆利用自身馆藏为本馆用户服务的形式，如外借、阅览服务即传统图书馆的"流通服务"。也包括图书馆为本馆用户提供其他图书馆文献信息的服务方式，或向其他图书馆用户提供本馆的馆藏文献信息的服务形式，如馆际互借文献传递服务等。这是图书馆服务的基本形式之一，也是资源共享的重要形式。

信息服务通常又分为传统的信息服务和网络信息服务。传统的信息服务主要包括外借服务、阅览服务、传统的馆际互借服务、复制服务、"一卡通"借阅服务等形式。网络信息服务是建立在以网络为基础，以数字化资源为对象的信息传递服务，与传统的信息服务相比，网络信息传递速度快、质量高、范围广。网络信息服务的最大作用就是促进了资源共享，目前，"一站式"服务便是网络信息服务的主要形式。

知识服务是图书馆服务内容的深化和升华，随着计算机技术、网络技术、信息技术以及科学技术的迅猛发展，知识也成为最重要的生产力要素，知识的生产和创新成为经济发展、社会进步的重要保障。当今社会已进入知识经济社会，图书馆传统的信息服务早已不能满足人们日益增长的对知识的需求。图书馆必须借助自身的资源优势，将服务内容从信息服务向知识服务转变。

知识服务是指图书馆从各种显性和隐性的知识资源中，针对用户在获取知识、吸取知识、利用知识、创新知识的过程中的需求，对相关信息知识进行搜集、分析、提炼、整理等，为其提供所需知识的过程。

目前，学术界普遍认为，知识服务是一种认识和组织的观念，它以信息知识的搜索、组织、分析、重组的知识和能力为基础，根据用户的问题和环境，融入用户解决问题的过程中，提供能够有效支持知识应用和知识创新的服务。

（三）服务功能——从知识收藏向开放存取转型

传统图书馆以文献收藏为己任，以印刷型文献为主体，现代图书馆不应仅仅是人类知识的储藏之地，不应仅仅是成为一个高效的信息存取和传递中心。学科信息门户、虚拟参考咨询、开放存取、知识整合成为现代图书馆的主要功能。用户使用图书馆，关键在于能获取什么样的资源，而不是图书馆本身拥有多少资源。图书馆不仅要方便快捷地为用户提供信息，而且要成为用户不可或缺的信息共享空间。

开放存取（Open Access）翻译中文为"公开获取""开放获取"，它是在网络环境下发展起来的一种新的、重要的学习交流模式。学术信息可以无障碍地自由传播，任何人可以在任何时间和地点、不受经济状况影响、平等免费地获取和使用学术信息。这是符合网络时代信息交流特点的一种全新的、高效的交流模式。

开放存取是国际学术界、出版界、图书情报界为了推动学术成果的交流，利用互联网自由传播而采取的行动。其目的是促进科学及人文信息的广泛交流，提升科学研究的公共利用程度，保障科学信息的长期保存，提高科学研究的效率。开放存取资源这一新型的学术信息交流运作理念对于相关的学术机构特别是对图书馆界意义非常，影响深远。

开放资源是一种全新的文献出版模式，也是一种全新的学术信息与共享模式，还是一种全新的文献资源建设模式。

第七章　图书馆服务内容的多元化探索

第一节　图书馆知识服务工作

"图书馆服务体系的核心要素是知识服务。"知识服务是为适应知识经济发展和知识创新的需要，知识服务是一种观念，一种认识，更是图书情报机构的重要实践活动。所谓知识服务，就是以信息的收集、分析、加工、整合和创新为基础，根据用户的具体问题和实际情况，融入用户解决问题的全过程，为用户提供能够有效支持知识应用和知识创新的一种服务。知识服务是一种增值服务，它侧重于运用自身的专业知识和技能，帮助用户解决那些超出其知识和能力范围的问题。

知识服务强调以知识创新为中心，以用户需求为导向，注重对信息资源的深层次开发和利用，注重解决用户的实际问题。知识服务是在传统的信息服务的基础上提炼的一种新的知识创新服务方式，它是通过集体的智慧对特定范围内的信息资源进行加工、开发和利用，为用户提供动态的、个性化的服务。

一、图书馆知识服务产生的动因

信息技术的发展和普及应用，正在深刻地改变着人们的生活、学习和工作方式。面对泛滥的信息，人们如何便捷地查找到所需要的信息，成为图书馆服务的重要内容，图书馆如何谋求发展，吸引更多的用户利用自己的信息资源和服务，提升自己的社会地位和生存能力是一个值得探讨的重要课题。面对这种情况，知识服务作为一种新型服务方式在图书馆得以开展，并将成为未来图书馆服务的重要方式。

（一）应对知识经济时代挑战的需要

知识经济时代，知识正成为社会前进的新动力和支点，建立在知识的生产、分配、传播、应用和创新基础上的社会格局正在形成，知识本身以及获取、运用知识的能力成为推动现代社会经济发展最具决定意义的要素，知识经济时代的显著特点是信息的数字化和网络化，各种原本只能从书本上获取的知识都可以被转化成数字化的形式在网络上进行传播，人们可以轻而易举地在网络上获取自己想要的各种最新的知识，知识经济时代网络获取信息的方便和快捷，信息获取方式的非专业化和非智力化，极大地削弱了图书情报机构在信息主渠道中的中介地位，图书情报机构作为知识收集、加工、存储、传播者的角色正逐渐退化，图书馆文献服务的垄断地位不复存在，单纯的信息资源服务已难以维持其知识内涵，难以提高对用户的贡献程度，图书馆收集、保存和提供文献资料服务的基本职能已不再是衡量一个图书馆水平高低的首要条件，为此，图书馆必须转变自身职能与时俱进以适应知识经济时代的挑战。

（二）满足用户需求

科学知识发展到今天，既高度分化又相互渗透，这种趋势使得用户的信息需求结构也发生了巨大的变化，从以文献借阅为主转向多种形式的信息需求并存，为了研究某一课题，科研人员自然需要了解多个学科领域的成果，同时，现代社会知识更新换代的速度越来越快，为了紧跟时代的发展赶超前沿，他们要求尽快查询国内外有关的研究动态和最新成果，希望图书馆能够尽可能准确、全面、及时、连续地为他们传递需要的信息，随着用户对信息需求的提高，不同用户需要图书馆根据他们个人特点提供具有个性化的信息服务。传统"千人一面"的服务方式已不能满足知识经济时代用户的信息需求，亟须改为不仅给用户提供文献，还可以提供以知识为单元的深层次和个性化的服务。用户不再仅仅满足于从以网络为基础的数字信息资源中快捷地获取所需要的信息，而是需要如何从所获取的大量信息中找到与自身需求相匹配的知识，并将这些知识创新、集成为相应的解决问题的方案。这种深层次信息开发的需求改变，要求图书馆不仅要对用户需求进行充分分析，更要就此对浩如烟海的信息进行筛选、整合和优化，找出其间有用信息，进而发现新的知识，以满足用户在知识经济时代的新需求，成为摆在图书馆面前的重大课题，成为现代图书馆开展知识服务的内在动力。

（三）图书馆信息服务环境的发生改变

网络环境下，图书馆信息服务发生了很大变化。

首先，图书馆馆藏结构由过去单一纸质资源转变为现在的网络信息资源、电子信息资源、纸质信息资源等多种形式，构成图书馆实体馆藏和虚拟馆藏并存的格局。随着计算机技术、网络技术和通信技术的广泛应用，图书馆服务手段从过去的手工服务，转变成先进的自动化、网络管理模式，服务手段呈现信息化、数字化、网络化趋势，使用户在很大程度上无需通过馆员的中介作用，便能随时随地进行信息的检索、查询以及利用图书馆的实体馆藏和全球网络信息资源等。

其次，面对着众多信息服务机构的竞争，图书馆在文献加工和整合过程中必须从文献单位深化到知识单位，详尽地揭示文献的知识内容，逻辑地创造出新的知识，形成知识产品，帮助用户得到所需的、有别于通过信息环境获取的、需要分析、重组的知识信息。

（四）图书馆自身发展的需要

知识经济时代图书馆从"信息服务"转向"知识服务"，知识服务对文献的加工要求更进一步，传统的文献加工只是基于简单的文献分类。但是，知识服务要求将这种有序化从文献单元深化到知识单元，在文献加工中真正实现知识重组，这就需要在文献的分类和主题加工中，尽可能详尽地揭示出文献中的知识内容，并建立起科学完备的检索系统。目前，我国不少图书馆的图书分类尚不完全，没有进行附加分类和分析分类；检索系统也不完备，甚至没有建立参照系统；大部分中小型图书馆还没有实行对文献的主题加工。因此，图书馆必须加快自身硬件的建设来应对知识服务的需要。

二、图书馆知识服务原则及机制

（一）图书馆知识服务的基本原则

图书馆知识服务是一种知识的"再生产"和"再创造"过程，要顺利而有效地开展知识服务，最大限度地满足用户需求，就需要按照一定的规律，遵循以下原则：

1. 针对性原则

图书馆开展的知识服务首先应该坚持针对性原则，根据各项知识经济建设的需求有针对性地获取经济建设知识，有目的精选与重组成新知识集成提供给专业用户，这样的服务才是最有效的服务。在信息"爆炸"的当今时代，经济建设知识也是层出不穷的，在图书馆及整个社会中的存量极为丰富，开展对口服务，有效地把适用的知识集成作为一种资源分配给对口建设项目，显得更为重要。以往，图书馆重视开展定题追踪、课题咨询等多种形式的针对性服务，在知识经济时代更应重视搞好有针对性的各项知识服务。

2．时效性原则

随着新知识的不断产生与扩散，原有知识就会降低或失去其作用，为满足知识经济时代用户对新知识的需求，图书馆及时获取各种新知识并作高效率地处理与快速传播非常必要。要提供及时的服务，图书馆必须拥有先进的技术设备及一支训练有素的专业队伍。有了这两个必要条件，图书馆就能在第一时间从某个地区及整个国际范围内收集到有用的新知识，就能在最短的时间内把重组的知识产品提供给用户，及时发挥各种新知识在经济建设中的最大作用。因此，图书馆开展知识服务，尤应坚持时效性原则。

3．主动性原则

图书馆的知识服务，作为一项新确立的服务项目，如何有效开展，怎样才能提高服务效率，怎样才能提高服务质量，如何更好地满足知识经济时代用户的需求等，需要图书馆人去探索，去开拓。探索与开拓过程中必然会遇到困难与挫折，随着知识经济的兴起与发展，图书馆人就得主动去适应新的经济建设形式，积极参与到知识经济建设中。开展一项新的服务项目，缺乏积极性是很难办好的。因此，图书馆人在知识服务中，还必须坚持主动性原则。

4．持续性原则

知识经济作为一种新的经济形式，从其产生、发展到转变，将会经过相当长的阶段。图书馆知识服务必然是一项长期的服务。图书馆人要有长期作战的思想准备，不断开拓进取，为社会作出更大的贡献，从而为图书馆事业发展营造强大的经济后盾，促进图书馆事业的又好又快发展。就一项知识经济建设而言，建设者所需的知识并非是一次性的，而是要不断获取、更新、充实。图书馆为某一项知识经济建设提供知识服务，是专项跟踪服务，需要不断为建设者提供有用的知识产品。所以，图书馆人在知识服务中，坚持持续性原则又是必然的。

5．营利性原则

按"谁享用、谁付费"的原则，应把价格机制引入到图书馆知识服务中来。图书馆开展知识服务，更要坚持营利性原则，即要促使图书馆的知识服务保证能帮助知识经济建设集团创造更大的产值，并为图书馆事业发展获得更好的经济效益，服务中坚持针对性、时效性、主动性和持续性等，实现知识服务的服务内容个性化、服务策略产业化、服务手段自动化、服务人员专业化、服务效果效益化，为社会及图书馆创造良好的经济效益。坚持知识服务的营利性原则，既能保证提供的服务满足用户需求，又能为图书馆带来稳定的收益，从而形成良性循环。这种营利性原则并不是单纯追求利润最大化，而是通过合理的定价策略和高效的服务流程，确保图书馆能够持续投入资源进行知识服务的创新和提升。

（二）图书馆知识服务机制解读

1. 研究与开发用户资源

知识服务建立在现代化的市场需求下，与传统图书馆服务相比更多的是针对用户的需求展开，以用户的需求为中心，根据用户年龄、学历、生活背景、职业环境和社会等客观因素的差异，以及由此产生的主观性见解和心理素养的不同，并以此来对用户进行需求的整合与管理，努力提高各行各业要求下的知识服务利用率。它要求图书馆工作人员进行全程参与，结合用户的具体要求对相关知识内容进行组织、筛选、整理、开发、能够为用户问题提供最佳的解决方案。在这里，有一点最为重要就是在开展知识服务前的准备工作，只有知己知彼，才能更好地解决问题，因此研究和开发用户资源，进行全面系统性的用户调查是必不可少的，也只有这样，才能做到具体问题具体分析，结合不同的用户需求，提出最适合的解决问题的方案，实现知识服务的最好收效。

2. 树立知识服务理念

图书馆所开展的各项服务，是建立在传统管理基础上的，要实现图书馆的知识服务，首先，必须改变传统的"用户接受型"思维，树立以"用户需求"为核心的服务意识与思维导向，明确用户是图书馆赖以生存的必要基础，努力改变"图书馆为用户服务，用户接受服务"的传统思维与服务模式，变用户的被动为主动，完善传统的图书馆与用户的双向联系，才能实现在知识经济环境下的图书馆的生存和发展。

作为图书馆的工作人员，除了积极转变观念，化被动为主动，加强与用户的沟通和了解外，更应该积极地强化自我的创新思维，共同完善提高图书馆的服务，从客户角度，可以通过面对面的交谈、举办读书月交流会、发放现场知识服务需求问卷等方式，尽可能详细地通过爱好、兴趣、职业等进一步了解用户来图书馆的目的、希望通过图书馆实现自己的什么预期以及对图书馆未来的建议等，从工作人员自身来说，只有树立新的服务意识，完善自身的知识与技能水平，结合用户需求，增强知识创新与创造性的研究，才能更好地实现知识服务的创新，推动社会、经济、文化的共同发展。

3. 积极建立丰富的知识资源库

知识资源主要分为以下两种：

（1）客观资源，也称之为显性知识资源，作为知识管理的重要组成部分，是用户获取知识信息的最主要也是最直接的来源。随着科技的发展，互联网也普遍地应用到图书馆的服务中通过现代信息技术将传统的资源按照一定的知识体系进行整理、组织、编辑、存储，形成现代化的实体与网络同步的显性知识库，替代了传统意义的搜索、查找，用户可以直接登录计算机网络进行搜索、挖掘、整合与比较筛选，极大地解放了传统整编与搜索的工作，既方便了图书管理，也提高了用户的利用率。实体与网络同步的显性知识库也成为现代图书馆知识服务的主体。

（2）用户的隐性知识资源，主要包括图书馆人员的素质和用户头脑中的经验等信息。知识服务是不断完善的一种能动性的双方共利服务，图书馆除了要积极地提高人员技能水平之外，还应该继续坚持以用户的需求为中心，通过交流或者问卷等方式，挖掘用户的多种需要，并完善到知识服务库中，从而提高知识服务的水平。

4. 创建知识服务需要的组织结构

知识服务作为现代化图书馆管理的核心能动力和发展主体，一出现就呈现出针对用户的更加明确化、专业化、动态化、个性化特色。对图书管理人员而言，知识服务极大地解放了传统图书的管理束缚，追求自主性、渴望专业权威和创新成为知识服务下人员的专业提升方向。无论是对内还是对外，组织管理机制的发展都极大地提高了图书管理水平，更好地适应了用户的需求，并且成为其不断发展的主导因素，具体来说，有以下两个方面：

对内，传统的图书管理以采购、分编、浏览、阅读、收藏为流程，主体是图书馆。图书资源缺乏与市场的交互、与用户的交流。文献偏重于学术与理论的研究，书刊的浏览与阅读偏向于权威，新的知识管理要求图书馆应该将用户需求作为图书采购的主体，尊重用户对市场和信息主导下的知识选择，实现图书资源管理和网络资源管理的同步更新。将传统的图书浏览、阅读改革为以用户为主导的知识和信息的搜取和使用，形成新经济环境主导下的筛选、制作、搜取、使用流程。

对外，要求图书馆在发展知识服务的同时，注重合作与共享。一方面通过扩大图书馆的开放力度，集思广益，以合作为基础，建立社会性的公共信息化资源。另一方面以共享为导向，扩大信息化交流和资源整合效益，共同提高各用户、各需求之间的共享与发展。

5. 加强图书馆服务质量控制

图书馆服务主要包括图书资源的整理与扩展、图书馆员的人员素质、图书馆接待用户的服务和反馈三个主要方面。图书馆服务质量除了资源与人员的软硬件完善，更重要的考核标准就是让用户满意。即指用户在图书馆接受服务的同时主观的感觉与感观有没有达到心理预期和满足，并对此进行评价与建议等一系列的心理活动。图书馆员应该结合用户的心理活动、购买评价、服务评价进行整理综合。一则直接地了解图书馆的知识服务是否满足了大部分用户的需求；二则通过用户满意度的调查，可以极大地完善知识服务的售后机制，针对性地指导和提升图书馆的未来发展。

图书馆服务质量控制的方法，最直接有效的是要建立用户反馈机制，完善知识服务管理。

从用户角度，加强在知识服务上的互动和沟通，用户作为图书馆知识服务的接收对象，有权利评价、监督、指导、建议图书馆的服务，用户要求能够熟悉运用各种针对性服务的反馈渠道，以保证准确、及时、有效地提出反馈信息。

从图书馆角度，最重要的是要能够积极主动收集用户信息，注重用户反馈建议。让用户满意是检验图书馆服务水平的首要标准。因此，现代图书馆管理必须坚持强化用户的主体意识，高度重视用户的反馈信息。如通过面对面的沟通、建立服务意见箱、召开读书座谈会、派发用户问卷、建立用户网络信息系统和网络反馈鼓励机制等。通过这些方式及时准确地把握用户反馈、满意程度、服务效果建议等，及时调整图书馆管理服务方向，提升知识服务质量。

从双方的互动上，首先用户所接收图书馆服务，必须坚持客观公正的原则，不以个人好恶进行评价处理。其次，图书馆管理要重视反馈的动态信息，完善动态管理，让用户切实参与到图书馆管理的服务评价中来，对于积极参与回馈信息的用户都表示接受与尊重，对已经处理的反馈和评价信息，给予公开和回复，对反馈中的优质服务建议，给予适当鼓励，对于不能采纳的信息，给出合理的解释，对于继续提供意见和建议的，给予欢迎。总之，加强服务质量的控制，建立用户反馈机制，是图书馆管理与用户相辅相成、不断合作与共同提升的过程。

6. 创新图书馆文化，建立信息资源共享体系

坚持以用户的需求为核心，以知识的管理为导向，实现用户的满意，是图书馆知识服务的根本指导思想和直接服务目的，创新图书馆文化需要做到以下几点：坚持以用户为中心，完善丰富的知识资源；变革传统的管理方法，增加与社会的联系，加强图书馆员的人才培养，提高综合素质；控制图书馆服务质量管理，完善图书馆管理反馈信息机制，构筑以人为本的创新型图书馆文化，尊重知识、重视人才、通过知识学习来管理和约束自我的价值观与行为规范，努力发挥知识经济下图书馆的公共服务与公益效益。

当然，知识服务从传统服务的转变是需要时间和实践完善的，比如受管理经费的制约，任何图书馆都不可能兼备所有的信息与资源的收录。又比如受到人员素质的影响，图书馆员不可能满足所有的专业化与个性化需求。所以，为了能够有效改善图书馆服务，各个图书馆间除了积极利用自身的特色资源，还应该本着合作共享的原则，在平等、互惠的基础上，提高图书馆与图书馆间、图书馆与其他机构间的合作，利用科技与网络同步管理，对信息资源进行整合与利用，以便更好地实现知识服务，实现用户满意。

三、图书馆知识服务的创新思考

在知识经济社会，无论是一个国家还是一个单位或组织，只有不断创新才能生存，只有创新才能发展。创新是社会发展的原动力，也是图书情报机构持续发展的根本内在动力，为了更好地服务于社会的知识创新，图书情报机构的知识服务创新应体现在文献资源建设的创新、提供知识服务过程的创新，通过培养服务对象的创新意识，提高自身的竞争力和发展能力的创新。

（一）图书馆知识服务创新的基础——高水平的服务人员

图书情报机构的知识服务依靠人而进行，针对人而运作，为人而存在，是一种高度依赖人的知识和智慧的服务。高水平的服务人员是知识服务的关键要素，也是服务创新的核心力量。高水平的服务人员是图书情报机构最重要的资源和首要财富。在知识经济时代，战略资源是人力资本，而人力资本又通过人的知识、技能、经验和智慧等来体现。在图书情报机构中，高水平的工作人员应当是指拥有丰富的文献工作经验、有熟练的信息服务技能、有一定的学科专业知识、有善于思考创新的智慧，他们不仅是信息资源与用户之间的桥梁和纽带，还是专业知识库的建造者和维护者，更是高知识含量产品的设计者和生产者、操作者，而他们的创新精神和创造能力正是图书情报机构的内在发展动力。把高水平服务人员作为图书情报机构最重要的资源和首要财富，并不意味着否定馆藏文献资源及其他各种硬件设施的重要性。从经济学的视角来看，它们是信息的生产资料和生产工具及交流的平台。新世纪图书情报机构的服务人员是信息资源的管理者、组织者和传播者，是信息检索利用的导航者和教育者，他们为用户提供高水平的知识服务。

（二）图书馆知识服务创新的内容

1. 思维创新

人类认识世界、改造世界的一切活动过程都是实践。认识再实践的循环交替过程，任何实践都离不开认识的思维活动。知识服务的创新也是一样，它是知识服务人员在长期服务实践中积累了大量经验，然后在总结经验的基础上，以创新性思维突破陈旧观念和常规惯例，创造出新概念、新思想、新方法。新技术知识服务人员在不断变化的用户需求和不断更新的技术环境下，必须以新的思维方式来创造新的服务方法。知识服务创新首先就是思维创新。知识服务的思维创新就是要在原来的服务上强化"以人为本"的服务思想，树立"精品化"服务意识，应用"营销学"服务理念，培养"社会化"服务观念，引进"大文化"服务机制。在知识服务实践过程中不断解放思想，敢于超越理论、超越习惯，超越经验，超越现实，大胆实验和创新，以新的思维、新的技术功能、新的服务方式、新的知识产品来取得知识服务的主流地位。

2. 体制创新

虽然不少图书情报机构已经逐步由传统的文献信息服务向现代化信息知识

服务发展，但进展缓慢，举步相当困难，一个致命问题是服务体制不能及时转变。通过分析和研究，人们逐渐认识到，体制创新已成为知识服务创新的重要前提。知识服务的体制创新主要是改变传统的组织管理模式，构建与知识服务相适应的知识管理体制和知识服务运行机制。其具体内容为：一是建立有利于知识服务创新的组织框架。二是建立与知识服务相适应的领导体系。三是建立促进知识交流的学习组织。四是建立促进服务创新的激励机制。五是建立良好的用户交流与服务机制。

3. 技术创新

知识服务是基于知识信息资源数字化建设、网络数据存储检索与传播体系、知识信息组织整合平台、知识仓库管理和发布系统、知识信息计量评价系统和数据库生产基地建设等方面的大服务体系，要促进这个大体系的良性发展和创新，需要建立一个知识服务的逻辑框架和协调机制，需要一个创新的技术基础。技术创新的内容有知识审计服务、知识组构服务、知识检索与链接服务、知识发布与交流服务、知识技术支持服务等。图书情报机构的知识服务是以满足用户需求为目标，通过一系列的方法技术来实现的。技术创新是知识服务永远具有活力的动力。

（三）图书馆知识服务创新的对策

1. 不断优化馆藏资源结构

优化馆藏资源结构，主要是指要建立多形态、多载体、多种类的实体馆藏资源和虚拟网络资源相结合的馆藏资源体系。纸质文献不仅是几千年来人们学习知识和创新知识的结晶，也是现代图书情报机构知识服务及其创新的重要的甚至是权威的知识资源。由于纸质文献的可保存性等特点，在利用和保存人类知识方面有着不可替代的优势，所以在优化知识服务创新的资源结构中，仍然是一种不可替代的资源主体。缩微资料、视听资料、光盘资料等其他非纸质实体资源，由于其具有密集型和数字化存储信息、方便保存等优点，也是图书情报机构知识服务的重要资源。对于各种实体资源，无论载体形式怎样，只要其内容是和用户需求相符的，有利于知识学习和创新的，都应该尽可能地收集利用。优化馆藏结构应将学科知识内容结构放在第一位，资源载体机构在其次。所谓虚拟资源是指图书情报机构只有使用权而没有所有权的网络信息资源。它包括通过网络传输购买使用权的大型数据库。可以联机检索的其他图书情报机构的各类资源和互联网上大量可供检索和利用的信息资源。这些动态的、丰富多彩的、浩如烟海的信息资源经过整理、取精、整合、分类纳入馆藏资源结构体系，作为服务创新的重要资源。

2. 构建广泛知识共享保障系统

从网上联机检索的其他图书情报机构的各类资源也可以纳入自己的馆藏体系，但是必须通过一定的方式和途径建立起互惠互利、共建共享的合作关系。通过网络的协同和互动，实现真正意义上的知识共享，使各类知识得以广泛地传播扩散，以便于最需要的人能尽可能地得到最需要的知识，从而达到知识服务促进知识创新的目的。

3. 深层次开发资源，创造新的知识产品

图书馆、图书情报机构深层次开发资源突出表现在对信息资源的收集和重组创新上。知识重组创新是将全面收集来的知识和信息经过筛选、分析、归纳后提出综合性的论述和评论，并从中提取可信的、新颖的、有效的适用于用户的新数据，创造出新的知识产品供用户使用。这些高知识含量的产品提供给用户，可以改变用户的知识结构，启发他们的创新思维，使用户以科学的思维和决策能力去认识问题和解决问题。

4. 创新智慧和激发活力

知识服务的创新对工作人员的知识水平、智力水平及综合素质的要求是相当高的，图书情报机构必须通过知识管理，以各种方式来激发和培养工作人员的内在智慧，使他们能够胜任并不断创新知识服务工作。知识管理就是要通过对组织机构的知识资源（尤其是蕴含于人脑的隐性知识）的挖掘、开发和利用，促使它们转化为组织机构的创新能力和发展能力。

5. 加强信息教育与技术培训

加强信息教育与技术培训是知识服务创新对策的非常重要的环节。因为知识服务水平和效果的高低、好坏取决于知识服务工作人员和用户的信息素质。国内一些高校图书馆已经重视并开展和加强这项具有战略意义的人才资源创新工作，而且已经取得了可喜的成果。加强信息技术培训对工作人员而言，就是力求每一个工作人员都能熟练掌握知识服务所必需的信息技术，并能将现代信息技术与传统文献服务业务知识相联系，转化成个人的知识服务能力，这样再在自身所具有的某一学科专业知识的基础上创新才能为用户提供高水平的知识服务，才有可能在服务中创新用户的信息教育和信息技术培训，而且与工作人员要有区别：用户信息教育以培养其信息意识、信息检索能力为主；工作人员的信息技术培训以提高他们信息搜索、处理、组织、传递的能力为主，并培养信息技术开发研究能力。

第二节　图书馆读者服务工作

一、图书馆读者概述

图书馆读者是一个特指的概念，通常是指具有文献需求和阅读能力，并充分利用图书馆资源的个体和社会团体。"它是一个特定范围的读者，是社会读者中最为活跃的一部分。"图书馆读者是图书馆服务的对象，图书馆的一切业务活动，都是以组织和指导读者的阅读活动为目的的。作为一种社会的宣传教育机构，图书馆的各项社会功能都体现在读者阅读活动的效益上。所以，读者是接受图书馆作用的对象，读者的阅读活动时刻都在接受图书馆工作的影响。同时，读者对图书馆资源的利用，一般都具有强烈的自主性。读者是图书馆真正的主人，图书馆的各种资源以及全部的业务活动都是以读者为核心的，其内容与规模是以读者的需求为根据，在充分尊重读者自主性的基础上，为读者提供全面的文献服务，从而满足读者文献需求。图书馆读者数量庞大，成分复杂，类型多样，涉及极其广泛的社会成员。通常图书馆读者可以分为现实读者和潜在读者两大类型。现实读者是指在图书馆活动中有阅读行为的社会成员，其中包括图书馆的正式读者和临时读者。

我们应当看到，图书馆虽然是当代社会知识交流的一个实体，但它的交流功能至今未能得到较好的发挥，即使在图书馆事业较发达的国家里，也程度不等地存在着这种现象。其根本原因在于图书馆如何变被动的服务方式为主动的、有针对性的服务方式，如何有效地积极参与社会知识交流和文献信息的传递过程，以吸引那些潜在的读者充分利用图书馆资源，使图书馆真正成为人类文化知识的"喷泉"。

二、图书馆读者服务的方式

传统图书馆工作以藏书为中心。随着现代信息技术的发展，图书馆的外部信息环境和内部业务机制正在发生重大的变化，图书馆从"以书为本"转向"以人为本"。读者服务从封闭走向了开放，从静态走向了动态，从单一走向了多元，从被动走向了主动；读者服务逐渐形成了全新的服务方式。

（一）自助服务方式

自助服务是数字时代用户服务的一种新的服务趋势。在图书馆自助服务模式下，读者不需要工作人员的帮助可直接获取图书馆的资源和服务。一是在馆内建立"藏、借、阅、咨"一体化的大流通服务模式。如深圳图书馆研发的"城市街区24小时自助图书馆系统"，市民通过该系统即可享受申办借书证、借书、还书、预借、查询等自助服务。借助RFID系统的普及，图书馆自助服务正像银行自助服务一样快速发展。

（二）创客空间服务方式

创客空间经常会嵌入到大学、社区中心、成人教育或工厂等机构中。创客空间是为创客们提供实现创意，交流创意思路，以及产品的线下和线上相结合、创新和交友相结合的社区平台。创客空间里的人们有着各自不同的经验和背景，因为在科学、技术、数码或电子艺术等领域具有相同的兴趣而聚集到一起。他们在创客空间里共享资源和知识，学习新技术，接受技能培训，分享产生创意，开展制造，最终将自己的创意变为现实。由此可见，"创客空间"的概念包含了三个层面：①环境层面——能共享所有资源，具备分享特质的氛围；②精神层面——指的并非资源和空间本身，而是一种协作、分享、创造的人生理念；③功能层面——促进技能学习和人类知识创新。

图书馆能够在"创客运动"中施展身手，"创客运动"可以助力图书馆转型发展。图书馆是不以获取利润为目的，提供优质服务和满足资源需求的公益性组织，它作为重要的文化场所，是文化启蒙和创新思维激发的重要园地。长久以来，它围绕着资源价值、服务价值和知识共享价值开展各类服务，并以支持终身学习为核心使命。图书馆与创客空间的社会价值，都紧紧围绕着"知识、学习、分享、创新"这四个关键词展开，因此与图书馆合作构建的创客空间要比一般的创客空间更容易推动人们进行创新，投入创客运动。创客们是一个紧密团结的群体，他们开放包容，乐于分享，并且热爱自己所从事的事情，这与优秀的图书馆人精神高度一致。创客们有着不同的知识背景，通过相互学习、分享资源和工具，能够推动和促进工具改进，从而大大降低了空间的构建成本。

此外，鉴于图书馆原来的管理经验，人们聚集到图书馆创客空间更易于管理。由此可见，在图书馆内开辟创客空间是创客文化在图书馆的真正实现，图书馆长久以来营造的学习环境具有构建创客空间得天独厚的优势，因此图书馆是孕育和发展创客文化的理想平台。另外，随着"创客空间"的入驻，公共图书馆的核心使命已经从传统的积淀与传承文化、提供信息、知识和文化服务，扩展为提供工具、鼓励知识与思想的交流、激励创意与创新，从而成为连接一切的公共知识空间、创新空间。"创客空间"为图书馆创新转型提供了新契机，为图书馆注入了新活力。为创新创业提供信息智力服务是公共图情机构义不容辞的社会责任，除了与时俱进出现的新技术新设备，图书馆"创客空间"提供的核心价值依然是信息和知识服务，这也是区别于其他创客空间的重要特点。

（三）合作服务方式

因购书经费有限，图书馆的文献总量难以满足读者的阅读需求，建立区域性的图书馆联盟，实现资源的共建共享，可在一定程度上缓解图书馆文献资源不足与读者需求增多的矛盾。图书馆常常要以合作服务的方式满足用户的个性化需求。

国内地的馆际图书馆联盟如中国数字图书馆联盟、长江三角洲图书馆合作联盟、珠江三角洲数字图书馆联盟、吉林省图书馆联盟、首都图书馆联盟等，都通过加强合作，整合了各自区域内各个图书馆的文献资源。

（四）移动服务方式

图书馆采用无线移动网络、互联网以及多媒体技术，将OPAC检索、借还书提醒、电子图书阅读、视频播放、期刊数据库查询、云图书馆服务等移植到智能手机、掌上电脑、电子书阅读器、笔记本电脑、MP3/MP4等各种便携移动终端上，为用户提供方便灵活的服务（包括图书期刊信息查询、资源内容的浏览和获取）。

如今，国内陆续出现手机图书馆（mobile library），又称为无线图书馆或移动图书馆。这项业务不仅提供传统图书馆的图书流通业务，为用户提供知识服务，提高图书馆的服务效率，更重要的是用户可以利用手机主动点播和定制自己所需的各种信息，利于满足读者的个性化需求。

第三节 图书馆参考咨询服务工作

参考咨询服务（Reference或Reference Work）是图书馆应广大读者的需求而开展的一项服务，是图书馆传统的读者服务工作的延伸和发展。关于参考咨询的定义，美国参考咨询专家威廉·卡茨在《参考工作导论》一书中指出："参考咨询最基本的含义是解答各种问题。"《英国大百科全书》中的定义为："参考咨询是参考咨询员对各个读者在寻求情报时，提供个别的帮助。"这两个定义明确指出：参考咨询的本质就是解答读者在利用图书馆时遇到的问题。北京大学、武汉大学合编的《图书馆学基础》指出："参考咨询工作的实质是以文献为根据，通过个别解答的方式，有针对性地向读者提供具体的文献、文献知识或文献途径的一项服务工作。"该定义明确指出参考咨询的基础是文献，参考咨询服务以文献为主要依据，针对读者在获取信息资源过程中提出的各种疑难问题，利用各种参考工具、检索工具、互联网以及有关文献资源，为读者检索、揭示、提供文献及文献知识或文献线索或在读者使用他们不熟悉的检索工具方面给予辅导和帮助，以解答读者问题。由于解答问题的主要依据是图书馆现有的文献或其他参考源等，且提供的答案又是参考性的，所以，对于这类服务多称作"参考咨询服务""参考服务""咨询服务"等。

一、参考咨询的特点及意义

（一）参考咨询的主要特点

参考咨询的服务内容不断地深化和拓展，其服务方式也呈现出现代化、网络化、多样化的趋势，致使参考咨询成为读者服务中最活跃的内容，并表现出以下特点：

1. 服务性的特点

从本质上说，参考咨询仍然属于读者服务工作的范畴，服务性是参考咨询最基本的特征。参考咨询是在图书馆传统的工作流程采访、分类、编目、典藏、流通、阅览的基础上开展的一项重要内容。在参考咨询过程中，馆员通过个别解答读者提问，来满足读者的个性化需求，服务内容与其他部门的读者服务工作有着千丝万缕的联系，是读者服务的延伸和发展。

2. 针对性的特点

从参考咨询服务的目的来看，它具有很强的针对性。参考咨询主要针对读者的学习、工作与生活中所遇到的问题，提供文献信息服务，以满足读者越来越个性化的服务需求。读者需求是开展咨询服务的前提，没有读者需求，也就没有图书馆的咨询服务，所以调查了解读者的信息需求是开展参考咨询服务的基础。各类型各层次的图书馆的服务对象是不同的，参考咨询应根据图书馆的方针和任务开展读者需求调查研究，以分清工作的轻重缓急，明确服务重点。比如，公共图书馆担负着为所在地区的党政机关和有关的企事业单位服务的任务，参考咨询的重点是政府决策和经济建设；高校图书馆重点为学校教学与科研服务，参考咨询的对象主要是教师和学生，服务的重点是教育与科学技术；科研单位图书馆主要为本系统科研工作及领导决策服务，参考咨询的服务内容专业性很强。

3. 多样性的特点

从参考咨询的内容和形式来看，参考咨询呈现出多样性的特点。首先，读者咨询问题多种多样，来源广泛。有来自社会各个部门的咨询问题，也有涉及学科领域的专门问题；有综合性的咨询，也有专题性的咨询；有文献信息咨询，也有非文献信息咨询。当然，并非读者提出的一切问题，图书馆都应给予解答，只有属于图书馆服务范围的问题，才是参考咨询的服务内容。其次，参考咨询形式多样化。从读者提问的形式看，有到馆咨询、电话咨询、信件咨询、网络咨询等多种形式；从馆员对具体问题所采取的形式看，有文献检索方法辅导、提供文献线索、提供原文、定期提供最新资料、提供专题研究报告等。

4. 实用性的特点

从参考咨询工作的效果来看，具有一定的实用性。

首先，读者在实际生活、工作和学习中，必然会碰到各种各样的问题，参考咨询馆员帮助读者获取资料和利用图书馆资源，节约读者查找资料的大量时间。

其次，参考咨询服务还有利于深入开发文献资源，提高文献资源的利用率，为科技人员、领导决策和企业发展提供丰富的文献资源和动态信息。例如，随着图书馆情报职能增强和现代化技术的应用，高校图书馆从优化资源配置、提高服务质量、方便读者等方面入手，在保证为高校的教研工作提供服务的基础之上，扬长避短，立足实用参与社会情报服务，为社会提供实用易得的经济信息服务。参考咨询突出体现了图书馆的情报职能与教育职能，它所表现出来的工作水平与开发能力反映了图书馆服务的优劣，参考咨询工作的社会价值体现在工作效率、社会效率和为经济建设服务的效益等方面。

5. 社会性的特点

图书馆是信息产业的有机组成部分，主要具有保存人类文化遗产、开展社会教育、传递科学信息和开发智力资源四种社会职能。参考咨询服务是一种开放性的社会服务系统。

第一，咨询服务对象具有鲜明的社会性。参考咨询服务就是图书馆运用各种方法帮助读者解答在科研和生产中需要查阅文献资料而出现的疑难问题，为读者提供所需的文献和情报。随着社会信息化程度的不断提高及图书馆服务观念的转变，参考咨询服务的社会化程度日益加深，服务对象与范围进一步扩大。尤其是开展了合作咨询和网上咨询服务以后，其服务对象已不再限于馆内读者，本社区乃至跨地区、跨国界的有关用户都可能成为服务对象。

第二，咨询队伍具有鲜明的社会性。由于科学技术的发展，科学知识与信息资源急剧增长，光靠一个图书馆的力量已无法单独完成各种资源库的建设及各种咨询问题的解答，更谈不上各种咨询软件的研制与开发。知识与资源的共建共享势在必行，咨询队伍建设的协作化与社会化进一步发展，出现了跨地区跨国界的合作咨询。

第三，咨询服务内容具有社会性。随着图书馆日益融入社会信息化的浪潮之中，参考咨询服务的内容也由过去以学科咨询、专业咨询为主转向为广大用户提供涵盖学习、生活、工作等方面的各类社会化信息，以最大限度满足用户日益增长的信息需求。

（二）参考咨询对图书馆发展的意义

现代图书馆馆藏文献资源的多少已不再是评价一个图书馆信息服务能力

和质量的唯一标准，而是要看信息资源是否实用和具有特色，检索查询系统是否方便使用、完善，用户的需求是否得到满足作为主要的评价依据。参考咨询工作通过多种多样的信息服务形式，在帮助读者利用图书馆、宣传介绍文献资源、开展读者教育、开发利用文献资源、开展专题情报研究等方面发挥了重要作用，对图书馆的发展具有重要的意义。

1. 有助于帮助读者查找资料

参考咨询可以帮助读者利用图书馆的文献资源，是读者自学的好帮手。在知识经济时代，知识正在迅速地更新、老化，学校教育已远远不能满足社会发展的需要，于是终身教育成为新时代的新特征。图书馆是读者学习的第二课堂，读者在学习和研究时需要大量地借助图书馆的参考资料。然而，大批读者对图书馆服务情况缺乏了解，在读书过程中，在利用图书馆寻求知识、自学成才的过程中，会遇到许多困难。

参考咨询工作能够在浩如烟海的文献中，为读者排忧解难，充当读者的助手和向导，以解答咨询的方式，减少读者查找文献的时间和精力，满足读者高层次的文献需求，加速科学研究工作的进程，提高研究水平。读者在学习、科研和生产中经常遇到不懂的生僻字、专业名称术语，或对某些人名、地名、朝代名等缺乏清晰的概念和有关的知识，或对某些引言、理论性的名言警句，不知道其原来的出处和背景；或对某些材料，需要进一步查找原始文献和参考资料等。读者为了解决这些问题，需要花费很多的时间和精力在图书馆丰富的藏书中选择合适的参考工具书。参考咨询员熟悉馆藏和各种检索工具的使用技巧，可以帮助读者迅速地找到所需的参考书，系统完整地解决这些问题。参考咨询针对读者的各种问题进行解答，人性化较强，能直接相互交流沟通，减少了信息传递障碍。所以，参考咨询是辅导读者阅读的重要手段，这项工作不仅为有效、充分地利用图书馆文献资料创造了良好的条件，而且解决了读者阅读中需要解决的问题，使读者节省大量的时间，把精力更有效地使用到更为重要的工作中去。

2. 有助于文献资源的综合利用

图书馆的文献资源的内容涉及古今中外、天文地理，无所不包，浩如烟海。其载体形式多样，既有丰富的印刷型书刊，又有大量的电子资源，且内容相互交叉，繁简不一。读者在查找文献时往往注意不到文献资源类型问题，不善于从总体去把握自己所需的专题性知识载体。例如，读者可以专门找一种中文资料或外文资料、一篇期刊论文或工具书中的某一数据，而不善于围绕自己所研究的专题，从图书、期刊、论文集、丛书、科技报告、专利、标准、样本、工具书等图书馆收藏的诸多的文献类型中将有关资料收集齐全。为帮助读者全面系统地了解和利用这些资源，参考咨询馆员需要对各种资源及其使用方法进行宣传介绍。这种综合利用馆藏文献，围绕专题问题进行的参考咨询，大大地开阔了读者的视野，使读者真正了解到图书馆是名副其实的知识宝库，有取之不尽、用之不竭的知识资源。参考咨询工作不但可以形象生动地宣传图书馆，宣传图书馆资源，还可以更有力地吸引读者来利用图书馆。

3. 有助于开展文献检索教育

现代科学技术迅速发展，每年完成的科研成果以几何速度上升，记载科研成果的科学文献高速增长。科学研究的发展，一方面导致学科分支日益细化，另一方面促进了跨学科研究的普及。这使得读者在查找和利用文献时，常常需要涉足多个学科领域，给许多科研工作者带来了日益增多的问题。有时，读者所需参考的文献超出了一种以上的书刊文献类型，也不限于一个、两个文种，有时，读者所需参考文献数量特别庞大，采取直接阅读的办法实际上已经不可能，而必须借助于文摘、索引、目录，掌握文献的全貌，便于选择最为直接的文献加以阅读；有时，读者所需的参考文献，只能是直接有关的、最有价值的、有效性最强的，因而必须从有关的大量参考文献中进行筛选，以便选出的文献最有水平、最有价值；此外，大量中外文专业数据库的使用技巧、网络信息资源的搜集与利用技巧也是读者迫切需要解决的问题。这些问题属于共性问题，一般的读者都会遇到，参考咨询员应对读者开展文献检索教育，帮助他们掌握文献检索的方法和技巧，提高文献利用能力。

4. 能够为科学研究服务

图书馆参考咨询工作是现代的科学技术事业、经济建设事业的一个重要组成部分，能够提高文献资源开发利用的广度、深度与难度，及时传递信息，为科学研究提供高质量的服务，充分发挥文献的使用价值和作用。

面对文献资源的急剧增长，读者在信息查找、筛选与利用过程中需要花费大量的时间。为了帮助读者利用资料，参考咨询工作不断完善服务内容，开始从多种文献源中查找、分析、评价和重新组织情报资料，为读者提供更深层次的服务。因而，有无参考咨询工作、参考咨询工作的好坏，对科学研究工作的影响是很大的。参考咨询工作为第一线的科研人员节省了时间和精力，实际上也就是增加了第一线的科研力量。参考咨询工作是图书馆为科学研究服务的重要方法和内容，图书馆应根据读者的需要，积极做好书目参考和情报服务工作，编制和利用各种书目索引，系统地介绍和提供有关的书刊资料，开展定题服务、跟踪服务、代查代译等工作。

5. 能够为市场经济建设服务

随着社会经济的迅速发展，市场竞争越来越激烈，读者的信息意识越来越强，对信息的需求也日益迫切。参考咨询服务从科学研究向经济建设主战场转移，参考咨询直接参与社会的经济建设、科学研究、政治活动、社会生活等各个领域，并为重大的社会研究课题提供文献信息服务和技术服务，其社会效益也日益明显。在引进先进技术和设备过程中，参考咨询充分发挥科技情报的尖兵、耳目作用，通过调研分析，引进具有世界先进水平的技术设备，这样不仅能减少盲目引进造成不应有的损失，而且能使企业增添活力和实力。另外，参考咨询工作可以充分发挥纽带作用，有利于促进科技成果尽快转化为生产力。

另外，参考咨询工作通过信息教育转化用户的思想观念，通过信息服务提高用户的整体素质，使各类用户了解情报、认识情报、依靠情报、利用情报，有利于社会用户增强信息意识和竞争意识，提高科技水平。参考咨询工作有利于各行各业实现职能转变，提高科学管理和经营水平。科技情报服务作为一种导向服务，成为企业获取先进生产技术、开发出具有竞争能力的产品的重要手段。各行各业有了信息导向，就能够尽快顺应社会经济需要，做到宏观决策科学化、规范化，以最短时间、最小付出去实现较大效益。咨询服务的效果和服务质量能够取得良好的社会效益和经济效益。正因为咨询服务对社会发展关系重大，图书馆工作者都力图通过咨询服务方式来扩大文献服务的范围，充分开发和利用文献资源，真正实现为社会服务的目标。

二、图书馆参考咨询的服务方式

现代通信技术改变着人与人之间的交流方式，也带来了参考咨询形式的多样化。从通信技术角度看，参考咨询的服务方式有传统咨询形式和网络咨询形式两大类。

（一）传统咨询形式

传统咨询形式是指使用计算机技术和网络通信技术之前的参考咨询形式，它是相对于现代网络咨询形式而言的，常见的有咨询台服务、电话咨询和书信咨询三种形式。

1. 咨询台咨询

咨询台咨询是一种简洁便利的深受读者欢迎的服务形式，按照问题的难易程度、资源利用方式以及文献专业类型等标准划分，有总咨询台和学科专业咨询台两种形式。

（1）总咨询台形式（去掉句号，本节后面都去掉）

总咨询台咨询一般在显眼的位置，如在大厅设置咨询台，接受到馆读者的咨询，为用户解答简单问题并引导用户接受进一步的咨询服务。这种馆员与读者面对面的直接交流方式，非常有利于了解用户的信息需求，做好图书馆宣传、接待、引导工作，解答到馆读者的口头咨询，也同时接受读者的电话咨询。总咨询台形式受到时空的限制，具有很大的局限性，仅在工作时间向到馆读者提供服务。

（2）专业咨询台形式

专业咨询台一般分散在各个专业阅览室，并在人力、资源等方面进行对应的配置和分布。专业咨询台服务模式以人力资源和信息资源的纵向分类为特点，适应了用户解决问题的需要，不但使服务效率和服务的友好性有了提高，而且在服务的深度方面优于传统的横向分配的服务模式，是咨询服务朝专业化、个性化方向发展的一种方式。

2. 电话咨询

电话咨询是读者从馆外获取图书馆信息最便利、最常用的渠道。电话咨询对问题的解答更快、更及时，对参考咨询员的语言表达能力和心理素质的要求也更高。在电话咨询过程中，读者看不到馆员查找信息的过程，在等待参考咨询员的解答时比较容易产生急躁情绪。

为了能较顺利地解答读者提问，咨询部门应做好以下几项工作：

（1）培养电话接听技巧

电话咨询中，嗓音是唯一的交流工具，咨询人员嗓音的清晰悦耳，态度的亲切热情是体现服务质量的重要方面。接听电话时，咨询人员要主动招呼：

"您好，请讲"，"您好，这里是图书馆电话咨询部"，有利于营造出友好合作的气氛。在聆听读者咨询问题时，要保持思维敏捷，边听边记录，善于从短短的交谈中快速判断读者遇到的问题，弄清楚什么是已知信息，什么是要求的信息，根据已知信息确定检索的主题，而根据其要求确定检索的范围和方向。

（2）配备必要的检索工具

电话咨询要求参考咨询员迅速做出回答，所以应配备必要的参考信息源和相关设备，配备的多少可从本馆的实际需要和经济实力出发，参考信息源越丰富、完整，咨询工作效率也相应提高。常用参考信息源主要有三个部分：

一是基本检索工具，如《中国图书馆分类法》馆藏目录或联合目录、当地的号码簿、因特网网址簿、统计年鉴、指南、手册、百科全书等。

二是自建参考信息源，如专题剪报、各种宣传资料等。专题剪报是根据读者常见咨询问题而搜集的时效性较强的信息，剪报工作一般由咨询人员在接答电话的间隙兼任，直接参与信息的采集。随着剪报量的增加，应为剪报编制主题索引，选用的主题词要直接简明，避免过于宽泛。咨询电话中询问馆内活动的占有很大的比例，因此介绍馆内活动的资料是必不可少的，如各阅览室的开放时间、办证的注意事项、专项活动的安排等，一旦情况有变化，必须及时更新。检索工具书和剪报内容的选择，由参考咨询员确定，根据需要进行扩充和调整。

三是计算机的配置。计算机的配置对参考咨询工作效率有很大影响，例如，在解答书目咨询时，利用计算机查询机读目录要比查阅书本式目录快捷和方便得多，参考咨询员可以一边检索一边回答。在解答网络信息检索、图书馆电子资源使用等问题时，更是离不开计算机和网络。电话咨询专用工具书、剪报、计算机等设备的安放应突出"就近、便利"原则，最常用的书要随手可得，以节省取书的时间和工作人员的体力，计算机可设置在咨询人员座位的右侧，查询时咨询人员可左手握话筒，右手操作，以便随检随答。

（3）培养应变能力

电话咨询人员应具备良好的心理素质和应变能力。电话的普及，使电话咨询的数量急剧增长，向图书馆打个咨询电话已成为一件很方便很随意的事。在电话咨询过程中，有时会遇到一些纠缠不休的读者，有些读者可能因对图书馆工作有意见而借此发泄，甚至有的是无聊的恶作剧，对咨询答案不满或等待答案时缺乏耐心的读者也可能对咨询人员的劳动不予尊重。这要求电话咨询人员上岗前要做好较充分的心理准备，能灵活地处理各类电话，有较强的心理承受能力，善于借助语言准确地表达思想，有化解矛盾的能力，使电话咨询的过程成为一次双方不见面的愉快的合作过程。

（4）限制电话解答时间

电话咨询主要提供容易获取的事实或数据信息以及进行馆藏介绍，为了保证通信线路的畅通，有必要对通话时间进行适当控制，尽量在控制时间内解答完提问。若问题较复杂，检索较费时，可设定回答时间，约请读者过些时间再打进来，既给咨询人员留有充分的检索时间，又不使读者长时间在电话那头等待，也不至于影响其他读者使用电话线路。有些问题可以回答最简单的事实，同时介绍相关的参考资料和工具书，建议读者来馆进一步咨询或自行研读解决问题。不适合电话解答的课题查询，可将电话转到有关部门处理。一般来说，一次咨询的问题以不超过三个为宜，提供的答案亦不超过三个。一次提问过多，会占用太多的时间和电话线路。当然，在实际操作中，咨询人员有时也需要灵活掌握这些规定，总之其目标应是鼓励读者给图书馆打电话，以求最大限度地利用图书馆的信息资源。

电话咨询也属于便捷型咨询，跨越空间，咨询人员与读者不见面，仅通过电话进行沟通和交流，适用于用户的事实型咨询，可以方便地服务于不能到馆而有急需的用户。缺点是由于咨询问题的难易程度不一，咨询馆员对问题的解答可能不及时或最终解答时间不能确定，往往会造成用户多次电话询问。而且电话咨询时读者无法目睹参考咨询员在解答咨询过程中所付出的辛苦劳动，不易理解查询中有时会出现的一些情况，以致事不遂愿时容易口出微言。

3. 信件咨询

读者以信件的方式向图书馆进行信息咨询也是远程咨询的一种常用方式。

在电话日益普及的情况下，咨询信件往往来自比较遥远的地区，写信的读者一般提问比较慎重，对提出的问题往往也认为事关重大，其中不乏学术或技术性的问题，有的涉及读者的一些切身利益，往往对图书馆寄予较大的期望。也有读者认为写信比电话容易说清楚，且通信费用相对便宜，因此喜欢信件咨询。在信件咨询中，应注意以下几个问题：

（1）明确读者提问。信件咨询中读者能否清楚地表达提问是咨询能否成功的前提。有些读者从自己对问题的认识出发，提问表述过于简单，或使用一些含糊不清的字眼，使咨询人员难以判断出提问的目的、要求、所属学科范围。信件咨询不能像馆内咨询和电话咨询那样可以进行即时的双向交流和沟通，在这种情况下咨询人员应该写信询问清楚，例如可以提示提问者对问题应表达清楚哪几个方面，也可以附上本馆的咨询清单，请他按要求逐项填写清楚。

（2）进行书面解答。在以书面形式答复咨询结果时，咨询人员也应注意表述准确、明了，指明信息的来源。课题检索等较复杂的咨询有时不是经过一次通信就能达到沟通的目的。为了节省时间，可询问对方电话号码，改用电话进行联络。咨询信件应作为业务档案，予以保存。对信件咨询应本着认真负责的态度及时处理、复信，不应拖延或敷衍了事。不管检索结果如何，都应给予答复，切忌发生丢失信件的不良现象。

（二）网络咨询形式

网络技术的迅速发展和应用，使传统参考咨询的提问和解答方式都发生了重大变化，出现了信息推送和虚拟参考咨询等网络咨询形式。

1. 信息推送

信息推送服务形式是参考咨询的重要内容。参考咨询员可以利用信息推送技术，通过电子邮件、"我的图书馆"（My Library）主动将读者需要的信息推送给特定的用户群体。

（1）电子邮件服务

电子邮件服务是在计算机网络和通信技术的紧密结合中应运而生的，是一种先进的现代化通信方式。电子邮件服务是目前最基本的数字化参考服务，用户通过E-mail将咨询问题以电子邮件的方式发送给相关咨询人员，咨询人员以电子邮件的方式将答案发送给用户。国外的一些图书馆从20世纪80年代后期开始将其引入参考咨询工作，并对这种新型的咨询方式进行研究和探索。图书馆一般在参考咨询主页上公布咨询台的E-mail，还公布了相关工作人员的邮箱地址，最大程度满足用户的需求，并规定了E-mail方式答复读者询问的时间。

电子邮件通告是一种非常实用的服务方式。读者只要加入图书馆提供的该项服务，图书馆便会全面快速地将图书馆购买的新书新刊、电子资源、最新服务项目和公共信息等送至使用者的电子信箱，使读者及时了解本专业的电子资源和相关服务，更好地为教学科研服务。电子邮件的优点是传递速度快，提问不受时空限制，而且可以采用附件形式传递各种类型的电子文档。以电子邮件形式开展的信息服务方式有：解答读者咨询、代查代检服务、信息定题服务、科技查新服务、文献传递服务、邮件通告服务等。但是电子邮件也像普通信件那样，咨询人员不能与读者进行面对面的对话，这对问题比较复杂的咨询来说是不利的，用户对问题的描述往往不够全面，需要与参考咨询员之间的多次交流。

（2）"个人图书馆"

个人图书馆（My Library）就是典型的信息推送模式。个人图书馆是为用户个人搜集和组织数字化资源的一种工具，是当前开发应用较成熟的图书馆个性化定制服务系统，也是一个完全个性化的私人信息空间。系统利用软件保存、修改用户检索历史，分析用户的长期兴趣，根据用户的兴趣来对资源进行过滤，把其中符合需求的内容提取出来为用户提供主动的信息推送服务，从而形成一种因人而异的信息服务形式。如向读者发送图书馆新到的与其专业、研究方向及兴趣相关的新书的索书号和馆藏地、新刊的最新目次页等；不定期向读者发送介绍图书馆电子资源的相关信息；根据读者的学科情况提供比较详细的电子资源相关信息，包括数据库动态、数据库说明、相关数据库简介、最新信息、订购信息、培训信息、试用数据库反馈信息等；向读者介绍图书馆新开展的服务项目的内容、方式；通报图书馆开展的培训、讲座、最新服务项目、假期开放时间等。该项服务主动性强，适应了用户的个性化需求。

2. 虚拟参考咨询

（1）虚拟咨询台

虚拟咨询台形式是一种基于Web表单形式的咨询服务。读者只要打开某台联网的计算机，就可以登录虚拟咨询台，填写咨询问题表单，提交到服务器。参考咨询员接收到咨询问题后，利用各种方法帮助读者解决问题，并将问题答案通过用户提供的电子邮件地址寄给用户。虚拟咨询台就是以数字图书馆馆藏资源为基础，以因特网的丰富信息资源和各种信息搜寻技术为依托，为读者和用户提供网上参考咨询和文献远程传递服务。虚拟咨询台是针对参考咨询工作的各个环节专门开发的系统软件，便于对咨询问题进行管理、对咨询活动进行监督，对提高参考咨询工作质量具有重要作用。此外，虚拟咨询台还可用于异地咨询员参与解答读者的疑问。

在图书馆咨询网页建立读者需求提问表单，读者按要求逐项填写自己的需求，问题提交后，由参考咨询馆员在规定的时间内给出答复。当用户通过网络进行正式咨询时，首先进入一个咨询说明页面，内容为咨询台的主要服务内容、目的（可以回答什么等），让用户在看了以后再填写表单进行提问，这样可避免一些不属于咨询台回答的问题。表单包含用户和咨询问题的一些基本信息，例如用户名称、电子邮件地址、问题的主题、具体内容等。用户按要求填写表单，具体地表达自己的信息需求，然后发送给图书馆相应的咨询馆员，由他们根据表单提供的信息来为用户解答问题。提出的问题大多为简易型或事实型的参考问题，如查找书目资料、寻找某机构的地址或电话号码、解答有关图书馆馆藏和服务的问题、解答光盘和中外文网络数据库检索的问题、征集读者对图书馆的建议或意见、并督促有关部门解决。

用户通过主页，还可以访问自己需要的图书、浏览各种文献、检索数据库，提出疑难问题。

（2）实时咨询

电子邮件和表单咨询都属于异步咨询，为保持馆员与用户面对面咨询中实时交互的能力，实时在线咨询开始发展起来。实时咨询一般通过网上聊天方式进行，它所使用的软件通常是专门定制的，或者是利用已有的，如呼叫中心（Call Centers）、网上联系中心（Web Contact Centers）、电子商务客户服务中心以及有类似功能的商业软件完成咨询服务。数字参考咨询使用的软件能够给用户提供提交问题的表单，在问题提交后它会自动提醒参考馆员，使问题的提问者和回答者之间产生一种互动，可以追踪咨询进行的状态，用户提出的问题和咨询员对问题的解答都记录在检索数据库（Searchable Database）里。这个数据库又被称为知识库（Knowledge Base）。

总之，网络参考咨询是以网络环境为背景，以馆藏实物信息资源和世界范围内的网上虚拟信息资源为主要对象，根据用户的特定要求，以知识和信息的开发为手段，从事知识和信息的调研、搜集、加工、转换、重组与创新的一系列服务，它的核心理念是资源共享、利益对等、责任共担。

（3）联合虚拟咨询

随着高新技术在图书馆的广泛应用，信息处理的社会化程度不断提高，参考咨询工作朝着网络化、虚拟化的方向发展。例如，美国国会图书馆倡导并实施的全球数字化参考服务（Collaborative Digital Reference Service，简称CDRS），依托丰富的网络资源及资深的咨询专家，为在任何时间、任何地点提问的任何用户提供高质量、专业化的服务，成为全球规模最大、服务范围最广的网上参考咨询服务系统。

三、图书馆参考咨询服务的工作程序

参考咨询问题千变万化，但都遵循一定的参考咨询工作程序。参考咨询员在分析问题与解决问题的过程中，一般要经过受理咨询、调查了解、查找文献、答复咨询、建立咨询档案五个环节。五个环节构成一个完整的工作程序，每个环节都有明确的内容、具体的方法和要求。对各个环节的具体要求，就构成了参考咨询人员的行为规范。

（一）受理咨询环节

受理咨询就是接受读者咨询问题的过程，既包括读者通过口头、书面、电话或信函等方式提出的咨询问题，也包括图书馆深入实际，主动了解到的咨询问题。在受理咨询过程中，要注意如下问题：

第一，判断咨询问题的性质和范畴。每个图书馆都有特定的咨询范围，凡是超过咨询范围或涉及党和国家重大机密的问题，参考咨询员必须向读者说明情况并婉言谢绝，属于咨询范围的问题都应受理。

第二，了解咨询目的和意图。同样的问题，不同的人有不同的咨询目的，对咨询的广度和深度要求也不一样。参考咨询员可以在交谈中逐步了解读者的身份、咨询的目的和意图，初步判断是生活、学习需要，还是科研、生产需要，进而了解解答问题的范围和深度。

对于比较简单具体的问题，可以利用各种参考工具书、各类数据库或互联网等进行检索，直接进行口头解答。对于比较复杂的问题，须做书面记录，责成有关人员专门进行系统解答。对于一些大型参考咨询项目，如果需要通过联合其他机构共同承担，应向读者说明。对于超过图书馆咨询能力的问题，应建议读者向其他情报服务部门提出咨询。

（二）课题分析环节

受理咨询后，首先要对读者提出的问题进行深入地分析。根据读者提问，

文献检索类咨询问题一般有三种类型。

一是特定文献的检索。读者要求查找某一篇文章、某一作者的著作、某一具体数据、或发表在某一时期某刊物上的文献。读者通常已知道具体的文献或线索，只要按照读者所提供的线索去查找，一般比较容易检索到有关的文献。

二是特定主题的检索。读者要求提供某一主题的文献。这就需要查明该主题的实质与内容范畴，查明读者针对该主题所需要的文献类型、时限、语种等具体要求，以便有的放矢地进行特定主题范围的文献检索。

三是特定课题的检索。读者要求查找某一研究课题的文献，课题的文献范围比主题的文献范围更加广泛，也更加复杂，它可能涉及几个学科，也可能包含几个专题。对于特定课题的检索，必须对课题情况、读者水平和文献的需求状况进行具体的调查和了解，以便从实际出发，有针对性地解答读者的咨询问题。

因此，对读者提出的特定课题要进行深入地了解和研究，掌握与课题有关的基本知识，以便准确地选择和确定检索途径，有效地检索特定课题所需的全部文献。

在咨询课题方面，应与读者共同确定其所属的学科范围及其相关的学科，它的基本内容与基本要求，它在有关范围内所处的地位以及国内外进展情况。

在读者需求水平方面，应了解从事这一课题研究的人员的整体情况和个别情况，了解他们的人数、年龄、学历、职称、业务水平、掌握的语种、课题的计划、完成的期限、投入的人力和文献调研的需求与具体安排。

关于文献需求状况问题，主要是了解读者对文献的认识与掌握程度，查明该课题文献的内容范围、重点、时间及深度，课题内容在分类体系中的归属以及文献利用效果和存在的问题等。

在详细调查基础上，图书馆工作人员可以根据课题范围，熟悉有关材料，并向有关专业人员请教等，为查找文献做好充分的准备。

对于定题服务，要深入课题，了解技术上存在的关键问题和研究中遇到的疑难问题，了解技术人员、专业人员的专业知识、外文水平、掌握文献情况及具体需要，学习本课题的有关专业知识和文献知识，掌握定题服务的主动权。定题服务仅仅靠一次调查是远远不能解决问题的，参考咨询员必须跟踪课题，深入调查研究。

（三）文献检索环节

文献检索需要根据读者提出的课题，在深入调查研究基础上，制订周密的切实可行的计划，并按照一定的步骤、方法和途径来查找文献。其基本程序为：

1. 检索工具的选择

经过课题分析，明确所需学科范围、文献类型，就要进一步考虑确定检索工具。选择检索工具应注意检索工具的编辑质量、选题价值、收录文献是否实用；检索工具文献收录是否齐全；检索工具报道文献信息是否迅速；检索工具揭示的文献特征是否准确、深入；检索工具提供的检索方法是否简便和多样。参考咨询员要根据自己对检索工具掌握的熟练程度和检索经验选择质量高的检索工具。

2. 检索方法的选择

文献检索有以下三种方法：

（1）追溯法。追溯法就是以文献著述末尾所附的参考文献为基础进行跟踪查找的方法。这种方法不必利用大量的检索工具，只需利用原始文献后面所附的参考文献追踪查找，扩大检索范围，最后取得检索结果。追溯法的优点是，在没有检索工具或检索工具不全的情况下，也能获得一些所需要的文献资料。缺点是所得文献资料不够全面系统，并可能导致重要的文献被遗漏。

（2）常用法（工具法）。常用法就是利用各种检索工具，全面系统地查找所需文献资料的方法。这种方法是文献检索过程中经常使用的常规方法。常用法必须依赖于完善的检索工具，并严格按照检索工具规定的程序、途径与标识系统进行检索，以增强检索的广度和深度，使检全率和检准率取得可靠保证。

（3）分段法。分段法就是将追溯法和常用法交替使用，循环查找文献的综合检索方法。在检索文献时，既利用检索工具，又利用文献后面附录的参考资料进行追溯，两者分期分段地交替使用。分段法适用于过去年代的文献资料较少的专题，其优点是当检索工具不全或缺期的情况下，也能连续获得所需年限内的文献线索。

一般来说，检索工具比较齐全的大中型图书馆和情报部门，大多采用常用法检索文献，其他两种方法对科技人员和小型图书馆的文献查找比较方便可行。从大量的检索工具中找出文献线索，然后再查找原始文献，并标明文献收藏地点和单位，便于读者利用。

3. 检索途径的确定

各种检索工具具有不同的检索途径，具体如下：

（1）内容途径。内容途径，是根据研究课题的内容性质需要，提供的检索途径，包括分类途径和主题途径。分类途径是按照学科的分类体系检索文献的途径，主要是从学科专业体系的角度查找文献，以满足读者有关特定检索的需要。常用的工具书有图书分类目录、文献资料分类索引等。主题途径是从主题角度检索文献的途径，适合于查找具体的课题文献，以满足读者有关特性检索的需要。常用的检索工具有主题索引、关键词索引、叙词索引、单元词索引等。

（2）著者途径。著者途径，是根据已知著者名称检索文献的途径。它能比较准确地回答某著者的文献在检索工具中反映的程度，在一定意义上具有族性检索的特点。但所获得的文献不够全面，不宜作为查阅文献的主要检索途径。通常采用的检索工具有著者目录、著者索引、机关团体索引等。

（3）号码途径。号码途径，是根据已知文献本身的专用号码（如专利号、标准号、科技报告、合同号等）查找文献的途径。主要是利用"号码索引"进行检索，可以满足读者在课题中有关特种文献的具体需要。

（4）其他途径。其他途径，利用分子式索引、地名索引、动植物名称索引、药物名称索引等专门途径来查找文献资料。这些专门索引，都是为某些自然科学、技术科学专业所特用的检索工具。它们的专指性强，是辅助性的检索途径。

检索途径选定后，应准确地找出相应的检索标识。各种检索途径有不同的检索标识，如采用分类途径，就应明确该课题所需文献属于什么类目及其分类号码，类目及其类号名称就是分类途径的检索标识；如采用主题途径，就应明确该课题所需文献的内容范畴，选用准确的主题词作为检索标识。确定检索标识之后，就可以使用有关工具，按照特定标识顺序检索文献资料。

4. 检索结果进行筛选

查找文献的内容范围要对口，文献的起讫年限要对口，文献类型和文种也要对口。检索的资料，要经过用户的鉴定、筛选并及时编辑、整理，制成文摘卡片，编印出专题索引，尽可能做到资料完整，内容新颖，对口实用。图书情报人员要同用户加强联系，共同研究，同步发展。做到每个阶段需要什么资料，就提供什么资料，遇到什么问题，就集中力量解决什么问题。

（四）答复咨询环节

经过一系列文献调查、查找、鉴别和整理工作，获得读者所需要的文献或文献线索，即可做出正式的书面解答。其答复咨询的方式有多种：直接提供答案；介绍参考工具书；提供专题书目、二次文献以及文献线索；提供原始文献或文献复制品；提供综合性文献资料等，可依课题的性质和读者的需求而定。

（五）建立咨询档案环节

咨询档案既是一种总结经验、改进工作、探索规律的基本教材，又是一种有价值的参考工具。图书馆对于咨询课题，应当有选择地建立档案，凡是本单位有长远意义的重点课题、重点学科的学术带头人及有关的行政部门的课题，都要建立完整的档案，包括各种原始记录、解答过程、最终结果等。其中对收集的资料和文献线索，若具有普遍意义和推广价值，应迅速编印成书目、索引、文摘等二次文献进行通报，供有关单位或个人参考利用。

总而言之，咨询服务是图书馆文献信息服务的主要方法，是一种比较复杂的有较高水平的服务工作。它要求图书馆的工作人员具有较完善的知识结构，熟练的文献检索能力；要求图书馆的文献资源具有多类型、多类别、多层次的合理结构；要求图书馆服务工作不但要敢于承担课题任务，善于解决实际问题，而且还要在服务效率、服务质量、服务效果等方面达到相当的水准，才能为社会所认可或受到较高评价。

第四节 图书馆个性化服务工作

当前，个性化服务延伸到了很多领域，如新闻网站、信息检索系统、资源推送系统等，图书馆作为服务社会的文献信息中心、学习中心，针对用户需求开展个性化服务就显得尤为重要和迫切，个性化服务作为数字环境下图书馆特色服务的进一步深化，摆脱了传统思想的束缚，为图书馆的生存与发展带来了新的思路与希望。在数字图书馆领域中，也需要研究用户的行为和习惯，对不同的用户采取不同的服务策略，从而使其信息需求得到最大限度的满足，已经成为深化和拓展图书馆服务的迫切要求和图书馆界需要解决的重要课题。

一、图书馆个性化服务的基本内涵

个性化服务的实质是一种以用户需求为中心的服务。在图书馆领域，个性化服务又被称作个性化信息服务或个性化定制服务。它不仅可以有效地解决用户"信息过载"和"信息迷航"问题，而且可以极大地提高图书馆的服务质量和资源的利用率。信息的个性化服务是相对以往整体式服务而言产生的一种新型服务方式，它的出现还只有短短几年的时间，但已经成为当代图书馆新型服务模式的主流。

个性化服务是图书馆提供的能满足个人信息需求的一种服务。是一种基于图书馆用户的信息使用行为、习惯、偏好、特点及用户特定的需求来向用户提供满足其个性化需求的信息内容和系统功能的一种服务模式。

关于个性化服务的内涵，一般认为可以从下面几个方面较为全面地把握：一是服务时空的个性化。突破传统的时间和空间的限制，享受服务的时间地点由用户自己决定。二是服务对象的个性化。它既可以针对单独的个体，也可以是具有相同特征的特定群体。因为同一层次、类型、地位、生活背景下的个体有着相似的信息需求。三是服务内容的个性化。它随着用户信息需求的发展而发展、所提供的服务不再是千篇一律，而是各取所需，各得其所；它既可以满足用户的专业需求，也可以满足用户的临时性需求。四是服务方式的个性化。它立足于用户的信息使用行为、习惯、偏好、特点和特定的信息需求，可以根据读者（用户）的个人爱好或特点的要求来开展服务。五是服务目标的个性化。它包括为用户提供信息内存和系统服务两个方面。六是服务支撑技术的个性化。它是动态的、不断发展的。既可以包括目前支持图书馆网上个性化信息服务所需的Web数据库技术、网页动态生成技术、数据报送技术、过程跟踪技术、数据加密技术等支撑技术，又包括智能代理技术等准备成熟的其他支撑个性化信息服务技术的研究及其应用。

二、个性化服务是数字图书馆服务的方向

科技的发展日新月异，社会的不断进步，新信息时代的到来和信息革命对

人类社会的冲击,是展现个性、倡导创造力的一个崭新契机。使人们有可能在高水平的生产力基础上,重新恢复符合人性的、为个性发展提供广阔发展空间的个性化服务。这正是现代社会与近代社会相区别的重要标志之一。

(一)数字图书馆实现个性化服务的信息环境

数字图书馆是现代图书馆的发展模式,与传统图书馆相比,其信息环境发生了很大变化。数字化信息资源成为图书馆资源的主体,信息技术的利用使其服务功能变得非常强大。

个性化信息可以从两个方面来分析:一是指反映人类个性特征的一切信息,包括对特定个体各种属性的描述;二是指由于个体特性形成的对信息需求的决定关系而产生的一系列对个体有用的信息。个性化服务的特征包括:服务时间空间的个性化,在用户希望的时间和地点得到服务;服务方式的个性化,能根据用户个人爱好或特点来开展服务;服务内容的个性化,所提供的服务不再是千篇一律,而是各取所需,各得其所。

个性化信息服务的特征有:

(1)信息资源多样化。由于信息的个体差别而导致信息资源呈现多样性、载体类型多,有物理载体、虚拟载体等;从形式上看,有文本、图像、声音等;从结构上更是异彩纷呈,这些都导致了信息资源整合的困难。另一方面,对于不同的信息用户也有了多样的选择。

(2)信息需求多样化。由于个体差别的存在,每个人、每个组织、每个机构对于信息的需求都不尽相同,对信息载体的需求也不同。因而,对于信息的需求具有多样化的特征。

(3)信息交流渠道多样化。在网络环境下,个性化信息服务得到了长足的发展,由于网络的便利条件,通过网络可以获得多种信息交流渠道,如电子邮件、Web浏览、主题订阅、在线即时交流等各种类型的方式,信息用户可以根据自身的条件选择合适的方式来进行信息交流活动。

个性化需求是一种客观存在,在过去的时代里,出于经济、技术等社会条件的限制,满足社会共同需求尚觉困难,个性化需求很难成为社会考虑的对象。规模化是工业社会的显著特征,随着社会的发展,特别是技术的发展,为满足个性化需求创造了条件。在当代信息化社会中,无论是社会生活还是人们的消费需求,乃至价值观念,都体现了从单一到多元、从整合到分化的发展趋势。

信息服务，是提供高质量信息的过程。个性化信息服务为用户提供符合个人需要的服务，是以用户为中心思想的体现。从实际情况看，针对特定领域、特定用户和特定需求，专业性门户网站和专业搜索引擎已经成为网络信息服务的一种趋势。因此，数字图书馆在系统设计时必须进行调查分析，考虑服务的用户类型、特征，分析用户的真正需求，采用有针对性、灵活性、智能性等特点的信息服务，节省用户获取信息的时间，增强服务的主动性。这是数字图书馆应对网络环境而必须实现的一种高效的信息服务形式。

（二）个性化服务对数字图书馆发展的紧迫性和重要性

数字图书馆应遵循怎样的服务模式，图书馆界对此进行了深入的探讨，尽管所描述的服务方式有些差异，但其中都体现出"以用户为中心"来构筑数字图书馆服务的思想，不管使用的设备和信息系统多么复杂，其目的都是相同的——助人。

数字图书馆不仅是现代技术在图书馆界的运用，更主要的是要以现代技术为手段，以人为中心，促进人的全面发展，这才是数字图书馆的根本目的。因此，数字图书馆应该首先意味着一种结合了新技术的更优越的、更人性化的服务。随着信息服务业从"以信息机构为主导"向"以用户为主导"的服务模式转化，个性化信息服务必将成为数字图书馆的主导服务方式。

个性化信息服务对数字图书馆的建设和发展具有现实的紧迫性和重要性，主要表现在以下方面。

1. 数字图书馆在信息化背景下的必然选择

20世纪90年代，随着计算机技术、远程通信技术、网络技术、高密度存储和多媒体技术的高速发展和有机结合，人类社会开始步入"信息化社会"，特别是Internet的出现并在全球范围内的迅速普及，引发了世界范围内信息环境的革命。通过网络获取信息正在逐步取代通过传统图书情报机构获取印刷型信息资源的主体地位，逐渐成为人们信息获取途径的首选。

在相当长的历史时期内，图书馆是作为人类最重要的文献信息收藏和服务机构而存在的，用户的信息需求只能或者主要通过图书馆来获得。因此，图书馆存在价值不会受到任何影响，而在信息化的今天，网络应用得到了极大的普及，图书馆的行业地位受到极大的威胁和冲击，大量的数据库开发商、网络运营商及其他行业的有关商家，通过互联网就可以把自己的信息产品提供给用户。人们足不出户就能查阅资料，大大削弱了图书馆的作用。而且网络环境打破了传统图书馆受地域、馆舍、时间、载体等因素的限制。人们将更愿意访问那些信息量大、服务方便、能满足其个性化要求和富有特色的图书馆，没有特色的图书馆将被日渐冷落，难以生存。因此，个性化服务成为图书馆发展的必然趋势，也是数字图书馆的必然选择。

2. 数字图书馆在网络环境下适应用户个性信息需求发展的客观要求

"读者至上""以用户为中心"是当代图书馆人对图书馆服务达成的最深刻的共识。为适应数字图书馆环境下用户的信息需求日益个性化的形势，图书馆界正为提供全面、快捷、方便、舒适的信息服务做出不懈的努力，实现全方位开架借阅，组建多媒体阅览室，开发网上图书馆门户等等。但传统的图书馆服务为所有的用户提供同一模式的服务，不能针对特定对象提供特定的服务。面对网络化背景下用户个体信息需求的这种多元化、多样化、多层次的特点，数字化图书馆不能仅仅是只组织一批信息资源，守株待兔地等读者前来选择。

网络时代，用户和读者的需求不是以图书馆现成的资源为依赖，而是以各异的姿态要求图书馆的个性化服务。需求是永恒的动力，满足需求是服务的生命。在市场经济条件下，谁拥有更多的读者，谁就会在竞争中取胜；谁失去读者，谁就会在竞争中处于失败的地位。转型时期，图书馆研究的重心已向读者方面转移，要静下心来研究信息市场的变化规律，研究读者的信息消费特点和变化动态，深入开展读者调查，树立以读者为中心的信息市场营销观，要以读者个性化需求来确定图书馆的资源配置，对信息资源、物质技术资源与人力资源做出适当的调整与补充。所以要根据读者的需求去寻找各种信息资源，针对具体不同的服务对象开展个别化、特色化的服务。总之，数字图书馆要顺应用户的多样化信息需求，就应该为个体用户提供网上学习和生活空间及个性化服务，为特定群体用户构筑专业化、课题化服务平台。

3. 数字图书馆应对网络信息供求矛盾有效途径

网络信息的供求矛盾使用户的个性化信息需求更加强烈。网上的信息资源虽然极为丰富，但粗浅、重复的信息泛滥、信息噪声和信息垃圾充斥，与个人信息需求相关的信息被分散在各地，这使得用户日益置身于信息海洋之中。一方面，在用户所查询的信息中经常存在大量的冗余信息，即所谓"信息过载"；另一方面，用户不知道如何贴切地表达自己对网上信息资源的真正需求，也不知道如何准确有效地搜寻，即所谓的"信息迷向"。用户获取信息容易，但获得所需要的准确信息难，获得有价值的个性化信息更难。因此，用户的个性化需求日益迫切，用户期望获取针对个人特定需求的信息服务。

在现有的条件下，网络信息环境尚不完善，虽然网上信息资源越来越丰富，但是人们查找信息却困难重重。一方面，网络信息资源过度膨胀；另一方面，网上信息资源缺乏组织或不够理想。通过导航式分类主题目录组织信息资源太过简单，不仅层次多、烦琐，而且质量难以保证。网络搜索引擎固然可以得到大量的结果，但其精确度差，充斥着垃圾信息。个性化信息服务变换了组织网上信息资源的角度，尝试从特定用户与群体的需求出发来组织信息资源，可以有效地实现同类信息及有关联信息资源之间的整合，剔除"冗余信息"，最终达到改善网络信息环境的目的。

4. 数字图书馆生存和发展的基本要求

在网络环境下，一方面图书馆同行之间竞争日趋激烈；另一方面，图书馆不再是提供文献信息服务的唯一机构，一些联机检索机构、出版社、商业性公司、图书馆合作组织等都承担了向网上用户提供电子信息服务的任务，这对转型时期图书馆的信息服务发起了严峻的挑战。这两点都导致了读者注意力的分散。面对挑战，现代图书馆必须不断开拓服务领域，开创独具本馆特色的服务项目，创立属于本馆的服务品牌，以吸引读者的注意力。相反，图书馆倘若无视读者需求的变化，不变更读者服务、创新服务方式、提高服务质量、深化服务内涵，那么，图书馆拥有的读者群将会越来越小，不要说发展，恐怕生存都会成为问题。

在这样的背景下，数字图书馆为我们创建了一个以更直接、交互、实时的方式响应用户需求的环境和服务的基础。在这个基础之上，开展个性化信息服务可以改善数字图书馆服务质量和资源使用效益，为图书馆的生存奠定基础。个性化服务可以为数字图书馆用户提供简化的、直接的用户界面及专深的信息内容，极大地改善了用户的信息检索环境。同时，个性化服务也成为数字图书馆了解用户信息需求和资源使用情况的窗口。它通过智能代理，可以自动跟踪用户在利用数字图书馆时的某些规律，及时地捕捉用户信息需求的变化，从而改进数字图书馆的服务。基于Web日志的挖掘可以及时掌握资源的使用状况，从而更为合理地调整数字化资源收藏、采集、组织，提高信息资源的使用效益。

5. 为数字图书馆的信息服务提供了新的服务空间

网络环境下用户的信息需求日益个性化。网络的自由、开放、平等，为人的个性发展提供了广阔的空间。在网络这个虚拟空间，人们可以不受年龄、经济状况、学识水平、家庭等因素的约束，畅所欲言，自由地表达自己的思想，按照自己的意愿自由地选择和取舍，甚至构筑自己的私人空间。网络的发展给用户带来了难以想象的信息能力，为用户获取更多的、更有效的信息资源提供了实现的条件。网络跨越时空的特性使沟通的成本大大降低、互动的沟通方式和及时的反馈机制使信息供求双方可以实现面对面的交流，使信息服务机构满足用户的个性化的需求成为可能。

服务，是图书馆的基本宗旨，是贯穿图书馆发展的主线，是图书馆的核心价值观；图书馆现代化发展的最终目的就是提供更好的服务，个性化服务是图书馆服务的发展趋势。个性化服务指针对不同顾客的特殊要求而提供的特色服务，它是在规范化服务的基础上提供并存在的，是进一步提高图书馆服务质量的显著标志，能为未来的数字图书馆赢得更高声誉。

在数字图书馆的条件下开展个性化服务，以便用户无缝地、关联地针对个人存取信息，从而使图书馆在新的网络信息环境下与新的信息提供者进行有力的竞争，更好地生存和发展。

三、图书馆个性化服务的主要方式

（一）个性化检索

个性化检索是数字图书馆用户检索数字图书馆资源的入口，它通过个性化检索工具来实现。个性化检索工具是实现个性化检索环境的工具，它为用户信息检索的全过程提供支持和智能帮助，包括用户需求的提取、信息匹配、检索结果输出等。数字图书馆个性化服务系统中应该建立用户的个人档案，可依据用户档案将用户进行分类，在用户检索时，对于相同的检索条件输入，将用户感兴趣的内容提供给用户，并将其他内容剔除，返回给用户更加符合实际需求的结果集。例如，对相同的检索条件，系统返回给某领域专家的内容应该和返回给此领域初学者的内容不同。

一般来说，个性化检索系统应具备智能学习与扩展的功能。智能学习与扩展的功能即预测能力是指通过对用户使用以来系统所接收到的信息进行分析及预测，探索未知领域，或者发现用户潜在的兴趣，将信息主动提供给用户。这样既节省了用户的时间，同时为用户提供更准确、更有针对性的信息。

（二）个性化信息咨询

现代计算机与网络技术的发展与应用，大大地扩展了人们的信息交流与信息反馈渠道。这样，数字图书馆的个性化服务系统可以利用先进的技术与服务理念为用户提供在线的咨询和帮助服务，随时随地满足用户的个人具体需求，提供更便捷、更优越的信息咨询服务。

数字图书馆个性化服务系统可以为用户集成多种咨询服务方式，包括用户自助咨询（如FAQ常见问题解答、BBS咨询）和专家咨询（馆员咨询）两个方面。用户按照自己的意愿和特定要求可进行定制，形成"我的咨询馆员""我的咨询专家""我的 BBS""我的FAQ"等多种渠道，用户还可对咨询结果的提供方式提出自己的要求。

数字图书馆使网上定题咨询服务（SDI）更加便捷。定题咨询服务指针对用户的科研及教学等信息需求，根据用户事先选定的专题，通过跟踪最新的信息资源为用户定期或不定期提供信息的服务方式。

传统图书馆时期，定题咨询服务的工作难度比较大，其主要原因是信息流通渠道不畅，与用户有时间和空间的距离。在数字图书馆环境下，对有难度或规模大的咨询项目，图书馆可利用网络开展协作咨询，组织来自不同机构或部门的专家形成一个项目小组，利用集体的智慧进行服务。同时，利用推送技术，图书馆可以通过网络主动及时地将最新信息递交给用户。

（三）信息代理和推送服务

信息代理和推送是现代图书馆为用户提供智能化服务的一个窗口，包含代理和报送两个过程。

信息代理实质上是一个能够自动搜索用户所需信息的代理软件，是智能代理技术在数字图书馆中的运用。信息代理系统在数字图书馆中充当用户的代理。它跟踪分析用户信息需求，自动搜索相关信息并提交搜索结果，为用户访问网上信息资源提供导引。一方面节省了时间，解决了用户对信息检索不熟练的问题；另一方面，提高了查全率和查准率。当用户的检索要求暂时无法满足时，交由代理来处理，条件满足时及时反馈给用户。

数字图书馆信息代理服务主要面向本馆合法用户。由于个人隐私问题，并不是所有的用户都愿意递交个人资料，并使自己的网上活动一目了然地处于自动跟踪软件的监控之下。因此，应由用户自由选择开通。用户填写需求表，通过网络递交来开通信息代理服务。用户需求表可以涵盖用户兴趣爱好、文化程度、专业领域、个人要求等多方面的内容。

信息推送是互联网发展的一种新的主动服务方式，指按照用户提供的检索条件，将资源库中的最新信息及时通知用户的一种服务。因为各类网站尤其是学术资源类网站内容并不都是日日更新，读者不愿意每日浏览相关网站。图书馆以网站内容变化为提示内容，当读者关心的任何网站在内容方面发生变化时，图书馆便会主动地把相关的最新消息送至读者。近几年，已开发出一些最新信息跟踪工具，它们可以推送Web上的各种信息，包括网页信息的变化、搜索引擎新的检索结果以及最新新闻内容等等。例如：CALIS中心引进的Uncover Reveal最新信息跟踪和文献传递服务，用户个人可提供25个关键词和50种以内的期刊名，以及自己的E-mail地址，系统每周将更新的匹配文献信息发送至每个服务对象的电子信箱中。中国人民大学信息学院和图书馆开发的"数字图书馆个性化推荐系统"，既能按照用户的定制要求提供资源，又能跟踪和学习用户行为，自动采集用户兴趣，并动态跟踪用户兴趣的变化，从中分析出用户的新喜好，进行新的推荐。

数字图书馆应利用信息代理和信息推送将各种个性化信息服务有机结合起来。一方面，用户的个人定制数据、网上信息检索行为、网上咨询的课题及问题等可成为用户特定信息需求的分析获取渠道；另一方面，信息代理为用户自动搜索到的信息资源可自动发送到用户的电子邮箱，成为个人图书馆中相关文件夹下的内容。

（四）个性化垂直门户特别服务

门户（Portal）是互联网建设中被赋予新意的一个概念，原意是指正门、入口，现多用于互联网的门户网站和企业应用系统的门户系统。

广义的门户是指一个应用框架。它将各种应用系统、数据资源和互联网资源集成到一个信息管理平台之上，并以统一的用户界面提供给用户，使企业可以快速地建立企业对客户、企业对内部员工和企业对企业的信息通道，使企业能够释放存储在企业内部和外部的各种信息。

狭义的门户指门户网站。门户网站是指通向某类综合性互联网信息资源并提供有关信息服务的应用系统。门户网站最初提供搜索引擎和网络接入服务，后来由于市场竞争日益激烈，门户网站不得不快速地拓展各种新的业务类型，希望通过门类众多的业务来吸引和留住互联网用户，以至于目前门户网站的业务包罗万象，成为网络世界的"百货商场"或"网络超市"。从现在的情况来看，门户网站主要提供新闻、搜索引擎、网络接入、聊天室、电子公告牌、免费邮箱、影音资讯、电子商务、网络社区、网络游戏、免费网页空间等。在我国，典型的门户网站有新浪网、网易和搜狐网等。

门户有两种基本类型：水平门户（Horizontal Portals）和垂直门户（Vertical Portals），也称作综合（传统）门户和专业（行业）门户。

水平门户（Horizontal Portals）是集中了种类繁多的产品的门户。如Yahoo就是水平门户，Yahoo链接的内容广泛而全面，覆盖各行各业。

垂直门户是相对Yahoo这样的传统门户网站而言。"垂直门户"专注于某一领域（或地域）如IT、娱乐、体育，力求成为关心某一领域（或地域）内容的用户上网的第一站。垂直门户经营专门产品，如钢材、化工、能源等，如Metal Site是专门买卖金属的垂直门户，而Che Match是专门经营石油化工和塑料制品的垂直门户。

垂直网站的特色就是专一。他们并不追求大而全，他们只做自己熟悉领域的事。他们是各自所从事行业的权威、专家，他们吸引顾客的手段就是做得更专业、更权威、更精彩。他们也用广告宣传自己，他们太了解这个行业了——只需吹灰之力，就可以让顾客们知道：网站又开新栏目了，又推新产品了……

垂直网站的顾客也不是普通的顾客。他们基本上都是该行业的消费者。每一个顾客代表的购买力，比综合网站顾客的平均水平要高出许多倍。所以，垂直网站常常能以比综合网站少得多的访问量换来更多的广告。

数字图书馆个性化信息服务除了面向个体提供服务外，还可以面向特定群体提供服务。但数字图书馆既没有必要也没有精力去建立像"雅虎""搜狐""新浪"之类的水平信息门户，因此，建立和提供垂直信息门户应该是一个理想选择。美英等国开发的My Library系统，都很注意与学生的专业及学校的学科建设相结合，构筑课题化的垂直门户。

数字图书馆可根据本馆的任务及服务重心来建立面向特定群体的垂直门户，通常可以从下列几个方面来构建：一是面向专业，构筑课题化平台或建成各专业数字图书馆，如"哲学图书馆""艺术图书馆""建筑图书馆"等。二是面向用户的年龄、性别、学识，如建立"老年图书馆""专家图书馆""女性图书馆"等。三是面向特色化馆藏及特定的信息载体，如"图片图书馆""古籍图书馆""影视图书馆"等。个性化垂直门户的建立可根据具体情况来构建一个或多个。

数字图书馆的个性化垂直门户建设，务必要做到一站式服务（One~Stop Shopping），以满足用户在本领域的全面的信息需求。因此，在资源建设上要尽可能全面搜集本领域的相关信息资源。通过有效地组织形成有序化的信息空间，要通过适当的加工提供增值信息服务，同时要集成必要的服务工具，如专业化搜索引擎等，提供优越的信息检索界面与功能。

四、图书馆实现个性化服务的对策

个性化信息服务虽然是现代图书馆的发展方向，可以极大程度地满足用户需求，提高数字图书馆的服务效益，但它同时也是一项极其复杂而麻烦的工作。目前，个性化信息服务在图书馆领域还处于探索和发展阶段，要成功地开展个性化信息服务工作，图书馆必须从多方面做出努力。

（一）不断改善信息环境

数字图书馆有着多种用户类型，不仅有学术型用户，还有基础型、娱乐型等用户，用户的个性化信息需求也更复杂。用户期望的不仅仅是检索、过滤、参阅图书馆的资料，他们更愿意把数字图书馆作为自己的个人信息空间。数字图书馆要为用户提供全面的个性化信息服务，就必须为用户的各种特定的需求构建个性化的信息环境。通常，图书馆的个性化信息环境由以下四个部分组成。

1. 改善个性化资源环境

用户因为自己的学习和研究的需要，往往希望构筑自己的个性化的资料环境，来汇集自己学习和生活中可能需要的各种资料。一方面，用户在数字图书馆发现有用的图书或期刊论文，要求将其下载成定制为自己的资源，分类保存在特定的文件夹。另一方面，用户要对所获取的资料根据自己的需求进行加工、组织与整理，以方便直接利用，如进行节选、归并、删除、下画线、评注和写读书笔记等主动性学习活动。数字图书馆有必要为用户的这些活动提供平台。

2. 改善个性化检索环境

信息检索是最普遍的图书馆用户行为，因此信息检索工具的检索质量和效率也是用户极为关注的问题。个性化的检索环境不仅仅是按用户的习惯来定制检索工具，更主要的是为用户提供优越的检索帮助。如何提取用户需求，用最合适的主题词来构筑准确的查询检索策略，是信息检索成功的关键所在。

用户在遇到特定的信息需求时，一般都是通过搜索图书馆资料的检索工具把用户需求具体化成特定的查询。通常，这个查询会是带有布尔逻辑词汇及带有语义符号的短语集合，这些查询没有考虑任何的用户当前信息需求就被送交图书馆搜索引擎，往往因检索结果不尽如人意而要求重构检索式。同时检索结果的界面缺乏组织，不仅造成确认图书馆资料困难，而且浪费了宝贵的时间。在个性化检索环境中，它可以利用描述图书馆资料使用的个人文献、用户兴趣文件、用户日志文件中发现的信息来执行检索。它分两步进行：首先，当用户构造一个查询时，通过交互、内在地修改检索式来使查询更能确切地满足用户当前的信息需求；其次，通过用户的特定要求与意愿的分类来形成最后的查询结果，如按相关度排列等。

3. 改善个性化过滤环境

信息过滤是根据用户的信息需求对动态信息流进行过滤，把满足用户需求的信息传送给用户，消除不相关的信息，从而为用户提供准确的信息服务。尽管信息检索与信息过滤存在许多相似性，但两者的显著区别在于信息过滤必须记住并根据用户个人的要求和兴趣进行个性化的输出。信息过滤通常分为三步：第一，获取用户兴趣与要求；第二，识别合适的信息源；第三，在适当的时候以友好的方式把结果递交给用户。个人文献及用户文档是信息过滤的基础，不管用户信息文档怎样更新，系统总能根据这些文档执行过滤，用户信息文档中的关键词、短语及相关信息是用来获取用户兴趣和要求的途径。

信息过滤可以通过计算相关度来进行，通过计算用户信息文件中关键词和短语的数量，并给出表示这些关键词或短语的重要程度的权值，可以设定一个阈值。当我们对某一图书资料中出现的所有包括在用户信息文件中的关键词及短语进行总权值计算时，若是超出了给定的阈值，该资料就会命中输出并被自动加入到用户个人文献中。

4. 改善个性化服务环境

数字图书馆既是一个信息查询环境，又是一个信息服务环境，除为用户构筑个性化资料、个性化检索与过滤外，它还应该提供人们工作和生活中必需的各种信息服务（如天气预报、交通信息、新闻报道、网上购物、股市行情、电子商务等）。

（1）人性化的服务界面。如按用户意愿提供页面颜色、版面设计，显示出有用户实名的欢迎标语等。

（2）集成化的网上生活。满足用户方便性的需要，将用户常用的搜索引擎、电子邮箱、聊天室、商务网站等集成在统一的界面，提供一站式服务（one-stop shopping）。

（3）一对一的信息咨询。用户可以按照自己的意愿，自由选择咨询馆员或学术专家进行实时的信息咨询与交流。

（4）用户培训。为了帮助用户在利用数字图书馆的资源和服务时克服技术障碍，通过网上自助式学习和在线对用户提供技术支持与培训等。

上述四个部分相互依赖、相互作用，共同构建一个完整的个性化信息环境。因此，数字图书馆个性化信息环境实际上是由能实现上述环境的多个工具所组成的集成框架，这些工具能使用户通过可高度定制的文件访问和创建自己信息空间的个性化视图。

（二）强化相关基础工作

个性化信息服务在数字图书馆的实施还面临着诸多障碍和问题，这影响着个性化信息服务功能的发挥。因此在实施数字图书馆个性化服务时必须完善相关的基础工作。

1. 获取用户信息，建立用户信息库

要开展针对性很强的个性化信息服务，一个非常基础的工作就是获取用户个人信息。获得用户的信息消费模式、需求爱好、使用习惯等非常细节化、具体化的个人信息，在此基础上建立用户信息库，从而能准确地把握信息用户的个性和需求，及时调整服务的角度和内容。

要建立用户的信息库，用户个人信息可从以下三个方面来获取：

（1）用户在本馆网站上进行检索查阅的跟踪记录。通过这些记录，可以了解到用户所需的检索内容及兴趣，有针对性地为用户提供咨询服务，帮助用户扩大检索面，提高查准率。同时，通过跟踪服务，可了解用户在一段时间内的检索内容，找出其相似性，从而及时更新数据库内容，满足用户检索需求。

（2）外部数据库提供的个人信息。主要包括有关个人信用等数据库提供的信息及联合图书馆中其他数据库提供的日志信息等。

（3）用户在网站登录注册时所填写的个人有关信息，如学历、爱好、地址等。

（4）要开展用户需求的研究。用户需求是图书馆服务工作存在和发展的前提，对用户需求行为的分析既是信息资源管理的起点，又是终点。没有用户需求也就没有图书馆的服务工作。因此，用户的需求行为直接影响着图书馆服务的内容。只有加强用户信息需求行为特点的研究，才能有针对性地开展工作，为满足用户的文献信息需求和开展优质高效的个性化信息服务工作提供依据。

2. 强化对个性化信息服务支撑技术的研究

目前支持图书馆网上个性化信息服务所需的支撑技术有：Web数据库技术，完成用户登录、身份认证、数据分配等。网页动态生成技术，根据用户数据，动态生成网页。数据推送技术，实现主动服务。过程跟踪技术，跟踪用户身份、监控用户过程。安全身份认证技术，提供安全严密的身份认证管理。数据加密技术，保障数据在网络环境下的安全传输。

智能代理技术，用于网络信息资源的管理与服务，是联系信息用户和网上信息的中介，也是个性化信息服务中的关键技术。智能代理技术在个性化主动信息服务中主要解决三方面的问题：获得用户的信息需求、自动检索信息和检索结果信息的推送。通过智能代理技术，图书馆在获得用户信息需求后，系统就会不断地为满足用户的特定需求而工作，一旦找到合适的中间或者最后结果，系统会主动通知用户，从而最大限度地扩展应用服务系统和最终用户之间的信息交流。图书馆个性化信息服务的实现很大程度上取决于信息搜索的智能化程度。也就是智能代理技术的发展程度。当前，国内外对个性化网上主动信息服务的研究，大多集中在基于Agent技术在信息检索中的应用研究，并且这些研究还处于尝试和探索之中。我们应该认识到，网上个性化主动信息服务的应用具有广阔的前景，对于支撑个性化信息服务技术的研究及其应用研究必将是极具竞争性的。

3. 积极建立丰富而有特色的信息资源空间

信息资源空间是指反映信息的各种载体和媒介及它们所构成的互动关系的整体，它已不再是传统意义上的藏书规模，它还包括追求实效的网络动态信息以及光盘等电子出版物。实践表明，信息用户在科研及工作中所需要的数据和参考文献等信息，不论是传统藏书还是网络资源都难以全面满足。

因此，在加强传统馆藏建设的同时，也要重视网络信息的建设，以便构建一个广阔的动态信息资源体系。另一方面，图书馆还有必要依托文献资源，进行深入加工，从文献整体转向知识单元的提供，结合用户需求确立主题，建立自己的特色数据库，并根据用户需求随时予以更新。

由于许多图书馆受到各方条件的制约，开展个性化服务的手段单一，服务的深度不够，不能很好地满足读者（用户）的需要，因此，要在传统的服务方式上开发、发展有深度的定制服务，例如，设立特色馆藏文献室，集中不同类型、不同文种、不同载体的同一学科特色馆藏文献。或根据各个馆的特点设立有特色的地方文献资料室、残疾人服务部、声像资料服务部、艺术精品文献室、旅游指南资料室、机械电子工程文献室等等。开展送资料上门、代查代译、代检文献，进行动态分析、跟踪研究、信息反馈、市场预测等服务，还可以开展报告会、书展、专题讲座、读者成果展，成立读者研究会等多层次、多形式的服务。例如，许多图书馆先后举办了"国内外各种技术发展趋势报告会""企业形象战略高级研讨会"等等。图书馆还可以在各个社区设立图书室、社区信息服务点，贴近基层群众，主动、及时上门向居民提供各种信息咨询服务，如法律、法规、医疗、保健、交通、旅游等信息，让读者（用户）根据自身的需要，寻找适合自己的服务方式，但这些还不能充分满足读者（用户）的信息需求。所以，图书馆还要积极创造条件，实现图书馆自动化，依靠互联网技术，实现网上联机检索，合理配置馆藏资源和网上资源，对读者（用户）的需求进行分析研究，定制设计个性化服务系统，灵活、动态地定制信息资源、信息参数、信息活动过程及相关服务。

数字图书馆只有在做好常规服务的同时突破传统的模式并结合现代化模式，才能取得独特的效果，这也是图书馆个性化服务的最佳模式。

（三）以开展特色化服务为突破口

图书馆社会价值的实现需要两方面的良好基础：一是共性基础，即外部形象基础；二是个性基础，即图书馆的特色服务。良好而又富有个性魅力的特色服务，是图书馆实现其社会价值的关键条件之一，也是图书馆实现个性化服务的一个重要的基础。

1. 图书馆特色化服务的趋势

图书馆特色化服务的主要宗旨是突出自身的资源、服务优势，在为读者服务中收到特殊的效果。要求图书馆在馆藏资源、服务方式及手段上有别于其他图书馆，以针对性强、专业化程度高、优势突出等特点，在为读者服务工作中发挥特殊的作用。

图书馆特色化服务是时代发展的要求。市场经济条件下的竞争机制，是图书馆特色化趋势的动因之一。在市场经济条件下，图书馆面临着来自内外两方面的挑战。一是来自图书馆外部的社会环境的挑战。随着市场经济的不断深入发展，社会上涌现出形形色色的信息机构，人们可以随时随地利用各种形式和手段，很方便地获取文献信息、知识情报信息。在这种局面之下，图书馆如果安于现状，丧失特色，就不会有吸引力，就会失去最广大的用户。二是来自图书馆界内部的竞争环境的挑战。所有的图书馆都面临着"优胜劣汰"这一市场经济法则的严格筛选，从而相互之间展开激烈的角逐。而图书馆的特色化，则是在角逐中取得有利地位的重要条件，是吸引某一层次、某一方面读者的有效办法。

以计算机技术与通信技术相结合为特点的现代信息网络，以及它所形成的网络化环境，是图书馆特色化趋势的又一动因。网络环境对图书馆信息资源的特色提出了"非做不可"的要求，或者说，网络环境迫使图书馆向信息资源特色化的方向发展。因为，当某一图书馆的馆藏文献转化为电子文献并通过网络提供给用户后，其他图书馆相同的文献资源再加工上网，就成为多余的了。只有图书馆上网的文献资源各具特色、互不雷同，网络才会真正成为资源丰富的宝库。

图书馆特色化服务是图书馆生存和发展的必然。随着全球信息化进程的加速，图书馆面临着许多机遇与挑战。没有特色就没有发展。作为社会文化教育事业的重要窗口，图书馆更应该办出特色。这样才能使自身在未来的信息社会中立于不败之地。

图书馆特色化服务是加速实现信息资源流通与共享的前提。众所周知，随着数字图书馆的出现，图书馆网络的形成，各图书馆必须以自身的特色资源及特色服务拥有自己的"网页"。藏书范围的重复，服务手段和方法上的雷同，毫无特色而言的"内涵"，很难跻身于波澜壮阔的信息海洋中。

2. 图书馆特色化服务体系的建设

作为图书馆品牌形成基础的特色化服务，其体系构成应包括特色化的文献资源、特定的服务对象及特色化的服务形式和手段等。

（1）以特色化的信息资源为基础。图书馆的信息资源优势在于其拥有的丰富馆藏。不同类型的图书馆有着各自的藏书特色。由于图书馆类型的多样性，决定了"特藏"建设的不同性。各馆应以自身的藏书结构为基础，从自身的实际出发，瞄准市场，以服务对象的需求为主导，加强自身的"特藏"建设。如学校图书馆和专业图书馆，应以教学和专业需求为主，建立一套藏书体系；公共图书馆应以本地区的经济建设为主导，形成具有本地区特色的藏书布局。这样，每个馆可以凭借自身"特藏"资源优势，开展特色服务。采取呈缴、交换、订购等多种补充方式，尽量收藏具有自己馆藏特色的文献，形成独特的收藏体系，既扩大了馆藏，又弥补了经费的不足，同时也为特色服务的开展奠定了基础。

（2）数字图书馆特色化的信息资源可以包括以下内容：①馆藏资源的特色化。无论是大型公共图书馆还是中小型图书馆，其馆藏资源的特色化均具有十分重要的意义。甘肃省图书馆的"区域资料文献"北京市东城区图书馆的"北京服装资料馆"和湖北省黄石市的"服装特色图书馆"，均能有针对性地收藏文献资源并提供特色化的二次、三次文献，取得了良好的经济效益和社会效益。②网络资源的特色化开发与利用。所谓网络资源的特色化开发与利用，是指图书馆对于符合自己特色、符合特定需要的网络资源的采集。网上资源丰富而庞杂，图书馆要本着自己的特色化要求，有所选择地加以开发和利用。

（3）特色化的信息资源的提供，是特色服务的物质基础和本源，对于特色服务的形成有着举足轻重的作用。

第一，以特色服务为目标。特色藏书体系的建立，为开展特色服务创造了良好的前提条件。现代图书馆藏书的目的是"藏为所用"，而不是将所藏的文献"束之高阁"。这就要求我们以特色服务开发特色馆藏，从而提高"特藏"文献的利用率，扩大图书馆服务工作的范围，"激活"图书馆的特色资源。我们可以尝试开辟一些具有地方特色的"文库"，如"地区名人作品收藏中心""地方经济文化发展史展览中心"，直接为工农业生产、科研课题进行全过程的专门化服务，充分发掘馆藏，及时捕捉社会各种传媒上的信息，为我所用，以特色服务手段，达到特殊的效果。

第二，以特色数据库建设为方向。网络化建设的基础是建立健全具有本地区特色的数据库。特色数据库的特点就是充分展示本地区、本部门有特色的资源。我国数据库建立之初，缺乏统一规划，各自为政，导致数据库结构不合理，重复建设严重，规模、容量、产值较低，服务能力差，数据库联网少，资源共享程度不高。随着计算机技术和网络技术在全球范围内的迅速发展，信息存储和检索的地理界线被打破，人们自由查询各种信息成为可能。美国的许多地区都组成了几十个、上百个图书馆的联合体，形成具有地区特色的图书馆计算机网络，实现了地区性资源共享。特色数据库要求我们走文献资源专业化、特色化的道路，放弃"大而全""小而全"的藏书建设观念。图书馆纳入全球信息网络是历史的必然。因而，各图书馆应该自觉地协调收藏范围，彼此不重复，办出自己的特色，实现各具特色信息资源构建的网络环境，达到文献资源共享的目的，满足广大读者对文献信息的需求。

第三，以特定的用户群为服务指向。它要求图书馆根据某地区或某学科、某专业领域的实际情况，针对特定的读者群来收藏、组织文献资料，并提供针对性很强的特色化文献信息产品。

参考文献

[1]蔡莉静.图书馆参考咨询工作基础[M].北京：海洋出版社，2013.

[2]常莉.智慧时代图书馆读者服务转型策略[J].科技资讯，2023，21（09）：212-215.

[3]陈怡君，杜文龙，徐光辉.图书馆参考咨询服务工作研究[J].办公室业务，2020，（07）：172+174.

[4]程华.现代图书馆参考咨询服务评价工作解析[J].科技资讯，2021，19（01）：211-213.

[5]方竑，刘伟.图书馆服务理念的反思与讨论[J].图书馆杂志，2023，42（08）：21-25.

[6]冯小东.新媒体背景下图书馆读者服务研究[J].中国报业，2023，（12）：224-225.

[7]冯占英，陈锐，姚敏，等.新时代图书馆文献资源共建共享的挑战与机遇[J].中华医学图书情报杂志，2020，29（08）：62-65.

[8]顾敏，图书馆采访学[M].台北：台湾学生书局，1979.

[9]关敏.图书馆个性化服务的建设路径分析[J].计算机产品与流通，2020，（11）：275.

[10]郭雨朦.图书馆知识服务创新的实践与探索[J].产业与科技论坛，2023，22（05）：236-237.

[11]何佳.新时代图书馆采访工作的新对策[J].文化创新比较研究，2019，3（16）：83-84.

[12]黄黔梅.图书馆纸质文献采访质量提升与优化措施[J].文化产业，2020（02）：115-117.

[13]黄宗忠.文献采访学[M].北京：北京图书馆出版社，2001.

[14]江涛，穆颖丽.现代图书馆服务理论与实践[M].郑州：河南人民出版社，

2014.

[15]金华.文献编目发展历程中的客观性原则[J].内蒙古科技与经济,2019(03):152-153+155.

[16]金甦.电子出版物刍议[J].闽江职业大学学报,2001(1):4.

[17]李宏.图书馆分类编目工作中存在的问题与对策[J].黑龙江史志,2013(21):216.

[18]李娜.浅谈新时代图书馆文献资源采访工作[J].延边党校学报,2023,39(03):86-88.

[19]李雪.论图书馆文献编目的现状与发展前景[J].办公室业务,2017(15):162-163.

[20]李一男.图书馆公共服务向读者需求看齐[J].文化产业,2023(16):72-74.

[21]李苑蔚.图书馆个性化服务研究热点和趋势分析[J].济源职业技术学院学报,2022,21(02):18-22.

[22]刘元超,袁军鹏.区块链技术在图书馆文献资源建设中的应用研究[J].遵义师范学院学报,2023,25(05):165-168+176.

[23]马亚玲.数字图书馆知识服务媒体矩阵的建设困境与对策[J].传媒,2023(20):79-81.

[24]牟文学.互联网背景下图书馆文献资源建设策略研究[J].传播与版权,2020(03):114-115+118.

[25]戚红梅,贾宇群,李瑜.图书馆编目管理的变革与创新研究[J].大学图书情报学刊,2017,35(03):29-32+38.

[26]邵安华.图书馆知识共享研究[J].河南图书馆学刊,2023,43(01):123-127.

[27]邵梅艳.图书馆管理及文献信息资源建设[J].数字通信世界,2022(05):179-181.

[28]汪亚红.浅析读者服务及图书馆信息化建设[J].中国新通信,2023,25(09):89-91+130.

[29]王海燕.基于知识生态的图书馆服务转型研究[J].图书馆学刊,2022,44(04):94-98.

[30]王玨.图书馆文献的分类和典藏[J].中外企业家，2015（36）：171.

[31]王哲，屈小贞.图书馆参考咨询服务中分层设置研究[J].新阅读，2023（04）：57-60.

[32]吴莉萍.图书馆学基础与工作实务[M].北京：北京交通大学出版社，2014.

[33]吴爽.现代图书馆服务理念创新[J].黑龙江科学，2017，8（03）：122-123.

[34]吴慰慈.图书馆学基础[M].2版.北京：高等教育出版社，2017.

[35]肖莉杰.数字图书馆个性化信息服务提升策略研究[J].传播与版权，2018（10）：127-129.

[36]杨青.图书馆文献编目工作优化措施研究[J].河南图书馆学刊，2021，41（12）：101-104.

[37]杨玉麟.公共图书馆资源建设与服务[M].北京：北京师范大学出版社，2013.

[38]俞君立，陈树年.文献分类学[M].武汉：武汉大学出版社，2001：2.

[39]袁明伦.现代图书馆服务[M].成都：四川大学出版社，2013.

[40]张晨.新环境下图书馆文献资源采访工作探析[J].甘肃科技，2020，36（04）：79-81.

[41]张枫霞.图书馆读者服务[M].北京：海洋出版社，2009.

[42]张静.图书馆创客空间建设的实践与思考[J].办公室业务，2021（23）：168-170.

[43]张荣，金泽龙.图书馆学基础[M].成都：电子科技大学出版社，2015.

[44]周悠.学科分类与图书馆文献资源建设的研究[J].内蒙古科技与经济，2018（17）：133-134.